Kauderwelsch
Band 7

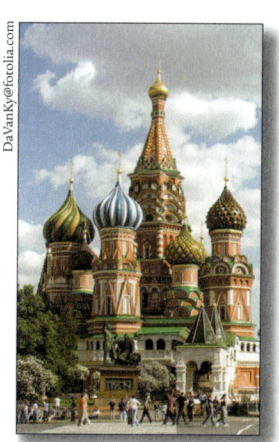

DaVanky@fotolia.com

Basilius Kathedrale, Moskau

Impressum

Elke Becker
Russisch — Wort für Wort
erschienen im
REISE KNOW-HOW Verlag Peter Rump GmbH
Osnabrücker Str. 79, D-33649 Bielefeld
info@reise-know-how.de

© REISE KNOW-HOW Verlag Peter Rump GmbH
16. Auflage 2010
Konzeption, Gliederung, Layout und Umschlagklappen
wurden speziell für die Reihe „Kauderwelsch" entwickelt
und sind urheberrechtlich geschützt.
Alle Rechte vorbehalten.

Bearbeitung	Claudia Schmidt
Layout	Elfi H. M. Gilissen
Layout-Konzept	Günter Pawlak, FaktorZwo! Bielefeld
Umschlag	Peter Rump (Titelfoto: Peter Rump)
Kartographie	Iain Macneish
Fotos	© Fotografen@fotolia.com (Namensangabe am jeweiligen Foto)
Druck und Bindung	Fuldaer Verlagsanstalt GmbH & Co. KG, Fulda

ISBN 978-3-89416-293-1
Printed in Germany

Dieses Buch ist erhältlich in jeder Buchhandlung Deutschlands,
Österreichs, der Schweiz und der Benelux-Staaten. Bitte infor-
mieren Sie Ihren Buchhändler über folgende Bezugsadressen:

Deutschland Prolit GmbH, Postfach 9, 35461 Fernwald (Annerod)
sowie alle Barsortimente

Schweiz AVA-buch 2000, Postfach 27, CH-8910 Affoltern

Österreich Mohr Morawa Buchvertrieb GmbH,
Sulzengasse 2, A-1230 Wien

Belgien & Niederlande Willems Adventure, www.willemsadventure.nl

direkt Wer im Buchhandel kein Glück hat, bekommt unsere Bücher
zuzüglich Porto- und Verpackungskosten auch direkt über
unseren Internet-Shop: ***www.reise-know-how.de.***
Zu diesem Buch ist ein **AusspracheTrainer** erhältlich, auf
Audio-CD in jeder Buchhandlung der BRD, Österreichs, der
Schweiz und der Benelux-Staaten oder als **MP3-Download**
unter ***www.reise-know-how.de***
Der Verlag möchte die **Reihe Kauderwelsch** weiter ausbauen
und **sucht Autoren!** Mehr Informationen finden Sie unter
www.reise-know-how.de/rkh_mitarbeit.php

Kauderwelsch

Elke Becker

Russisch
Wort für Wort

REISE KNOW-HOW
im Internet
www.reise-know-how.de
info@reise-know-how.de

*Aktuelle Reisetipps
und Neuigkeiten, Er-
gänzungen nach
Redaktionsschluss,
Büchershop und
Sonderangebote
rund ums Reisen*

Kauderwelsch-Sprechführer sind anders!

Warum? Weil sie Sie in die Lage versetzen, wirklich zu sprechen und die Leute zu verstehen.

Wie wird das gemacht? Abgesehen von dem, was jedes Sprachbuch bietet, nämlich Vokabeln, Beispielsätze etc., zeichnen sich die Bände der Kauderwelsch-Reihe durch folgende Besonderheiten aus:

Die **Grammatik** wird in einfacher Sprache so weit erklärt, dass es möglich wird, ohne viel Paukerei mit dem Sprechen zu beginnen, wenn auch nicht gerade druckreif.

Alle Beispielsätze werden doppelt ins Deutsche übertragen: zum einen **Wort-für-Wort**, zum anderen in „ordentliches" Hochdeutsch. So wird das fremde Sprachsystem sehr gut durchschaubar. Denn in einer fremden Sprache unterscheiden sich z. B. Satzbau und Ausdrucksweise recht stark vom Deutschen. Ohne diese Übersetzungsart ist es so gut wie unmöglich, schnell einzelne Wörter in einem Satz auszutauschen.

Die **Autorinnen** und **Autoren** der Reihe sind Globetrotter, die die Sprache im Land selbst gelernt haben. Sie wissen daher genau, wie und was die Leute auf der Straße sprechen. Deren Ausdrucksweise ist nämlich häufig viel einfacher und direkter als z. B. die Sprache der Literatur oder des Fernsehens.

Besonders wichtig sind im Reiseland **Körpersprache, Gesten, Zeichen** und **Verhaltensregeln**, ohne die auch Sprachkundige kaum mit Menschen in guten Kontakt kommen. In allen Bänden der Kauderwelsch-Reihe wird darum besonders auf diese Art der nonverbalen Kommunikation eingegangen.

Kauderwelsch-Sprechführer sind keine Lehrbücher, aber viel mehr als Sprachführer! Wenn Sie ein wenig Zeit investieren und einige Vokabeln lernen, werden Sie mit ihrer Hilfe in kürzester Zeit Informationen bekommen und Erfahrungen machen, die „sprachlosen" Reisenden verborgen bleiben.

Inhalt

Grammatik

Inhalt

Konversation

Anhang

Kreml-Mauer an der Moskwa

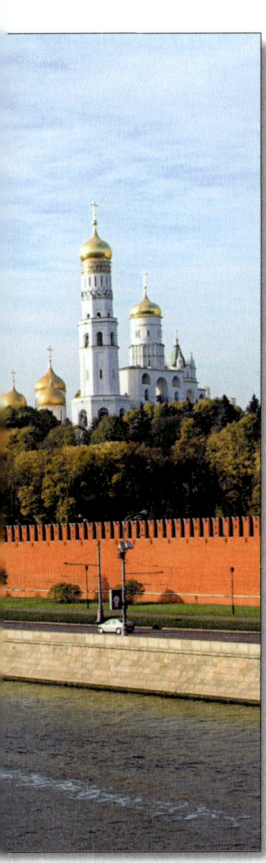

Wohin man auch immer reisen mag: Land und Leute kann man nur dann wirklich erleben, wenn man auch ihre Sprache spricht. Das braucht keineswegs auf akademisch perfekte Art und Weise zu geschehen. Wichtig ist, dass man sich zumindest mit ein paar Brocken verständlich machen kann. Und wenn dies dann die Anregung zu einer intensiveren Beschäftigung mit einer fremden Sprache ist – um so besser! Nur so öffnen sich Türen, die jedem „stummen" Touristen verschlossen scheinen.

Schon wenige Sätze in russischer Sprache genügen, um sich mit sicherem Gefühl auch einmal ohne Reiseleiter oder Dolmetscher zu bewegen, und vor allem um die Herzen der Menschen im Sturm zu erobern. Die russischen Menschen sind nicht nur sehr gastfreundlich, sondern auch sehr stolz auf ihre Heimat und ihre Sprache und empfinden deshalb die Bemühungen eines Reisenden, vor allem aus dem westlichen Ausland, als besondere Wertschätzung ihnen gegenüber.

Wer sich entschieden hat, Russland ganz auf eigene Faust zu bereisen, der wird ohne Grundkenntnisse der russischen Sprache nicht auskommen.

Der vorliegende Kauderwelschband „Russisch" vermittelt rasch Grundkenntnisse dieser Sprache in den verschiedensten (touristischen) Alltagssituationen. Dies geschieht mit Hilfe einer unkomplizierten Lautschrift, die leicht lesbar ist und keine Vorkenntnisse erfordert. Die Grammatikübersicht versetzt den Leser in die Lage, Grundstrukturen zu erkennen und somit eine Vielzahl von Sätzen selbst zusammenzustellen. Tipps und Ratschläge zu Alltagssituationen ergänzen die einzelnen Kapitel.

Und nun viel Vergnügen beim Lernen und Reisen, wenn es heißt: **Døbro pøshalowat*!** – Herzlich willkommen!

Hinweise zur Benutzung

Der Kauderwelsch-Band „Russisch" ist in drei wichtige Abschnitte gegliedert: Grammatik, Konversation und Wörterlisten.

Die Grammatik beschränkt sich auf das Wesentliche und ist so einfach gehalten wie möglich. Deshalb sind auch nicht sämtliche Ausnahmen und Unregelmäßigkeiten der Sprache erklärt. Natürlich kann man die Grammatik auch überspringen und sofort mit dem Konversationsteil beginnen. Wenn dann Fragen auftauchen, kann man immer noch in der Grammatik nachsehen.

In der Konversation finden Sie Sätze aus dem Alltagsgespräch, die Ihnen einen ersten Eindruck davon vermitteln sollen, wie die russische Sprache „funktioniert" und die Sie auf das vorbereiten sollen, was Sie später in Russland hören werden. Sie können die Beispielsätze als Fundus von Satzschablonen und -mustern benutzen, die Sie selbst Ihren Bedürfnissen anpassen. Die Wörterlisten am Ende des Buches helfen Ihnen dabei. Sie enthalten einen Grundwortschatz von je ca. 1000 Wörtern Deutsch-Russisch und Russisch-Deutsch, mit denen man schon eine ganze Menge anfangen kann.

Jede Sprache hat ein typisches Satzbaumuster. Um die sich vom Deutschen unterscheidende Wortfolge russischer Sätze zu verstehen und so bald eigene Sätze bilden zu können, ist die Wort-für-Wort-Übersetzung gedacht. Jedem russischen Wort entspricht ein Wort in der Wort-für-Wort-Übersetzung.

ja vstrètschajus
ich treffe-mich
ich treffe mich

Wird ein russisches Wort im Deutschen durch zwei Wörter übersetzt, werden diese in der Wort-für-Wort-Übersetzung mit einem Bindestrich verbunden.

Ja njemka/avstrijka/schwejsarka.
ich Deutsche/Österreicherin/Schweizerin
Ich bin Deutsche/Österreicherin/Schweizerin.

Werden Wörter angegeben, die man untereinander austauschen kann, steht ein Schrägstrich zwischen diesen.

Im russischen Satz muss man zwischen der männlichen und weiblichen Form eines Eigenschaftswortes oder eines Verbs wählen, je nachdem ob ein Mann oder eine Frau spricht, angesprochen wird, oder Thema des

Gesprächs ist. Im russischen Satz und in der Wort-für-Wort-Übersetzung werden beide Formen wie folgt angegeben:

Ja pisal/pisala pismo.
ich schrieb(m/w) Brief
Ich schrieb einen Brief.

Ja rad/rada.
ich froh(m/w)
Ich bin froh.

Ty søglasèn/soglasna?
du einverstanden(m/w)
Bist du einverstanden?

Mehr dazu später. Kann man am gebeugten deutschen Tätigkeitswort (Verb) nicht eindeutig auf die handelnde Person schließen, ist in der Wort-für-Wort-Übersetzung das persönliche Fürwort auch in Klammern angegeben:

Pøjdjomtjè kupatsa!
(wir)gehen baden
Gehen wir / Lasst uns baden!

Wie im Deutschen werden auch im Russischen Haupt-, Eigenschafts-, Fürwörter etc. gebeugt. Um welchen Fall es sich handelt, kann man an der kleinen hochgestellten „Nummer" ablesen, die hinter dem gebeugten Wort steht:

S-udøwolstwijèm!
mit-Vergnügen[5]
Mit Vergnügen! / Sehr gern!

Land & Leute

Wer spricht heute wo in der ehemaligen Sowjetunion noch Russisch?

Zur GUS gehören heute alle ehemaligen Sowjetrepubliken außer den drei baltischen Republiken (Litauen, Lettland, Estland) und Georgien. Die Länder der GUS zählen 268 Mio. Einwohner; davon sind 142 Mio. Einwohner Russlands. Von diesen sind 125 Mio. Russen und sprechen Russisch. Die restlichen rund 25 Mio. Menschen gehören über 100 verschiedenen kleinen Völkern und Sprachgruppen an, sprechen aber auch Russisch. Weitere 25 Mio. Russen wohnen noch in den 14 ehemaligen Sowjetrepubliken.

Da Russisch die Amtssprache in allen ehemaligen Sowjetrepubliken war, beherrscht jeder Erwachsene dort noch die russische Sprache. Sie war unumgänglich in Schule, Beruf oder auf Ämtern – kurz im gesamten öffentlichen Leben. Wenn sich angesichts der politischen Veränderungen die Bewohner dieser jungen Republiken nun auf ihre eigene Sprache als Staatssprache besinnen, so kann die russische Sprache doch eine gute Verständigungsbrücke zwischen Ausländern und Einheimischen bilden, denn überall auf der ganzen Welt freuen sich Menschen kleinerer Sprachgruppen, wenn man ein Gespräch wie folgt anfängt: „Wie heißt „danke" in Ihrer Sprache?".

Unsere Karte zeigt die Gegenden, in denen Russisch vorwiegend gesprochen wird. Verstanden wird Russisch aber auch in den übrigen, weiß eingezeichneten Gebieten der ehemaligen Sowjetunion.

Karte des Sprachgebietes, auf der die russischsprachigen Gebiete gelb markiert sind. Legende: Hier wird Russisch gesprochen. Maßstab: 1000 km.

Beschriftete Sprachgebiete: Tschuktschisch, Korjakisch, Ewenisch, Itelmenisch, Jukagirisch, Jakutisch, N/wkisch, Japanisch, Ewenisch, Ewenkisch, Burjatisch, Mongolisch, Nganassisch, Enzisch, Ewenkisch, Jakutisch, Selkupisch, Chantisch, Nenetsisch, Mansisch, Kasachisch, Komi, Wotjakisch, Mari, Tatarisch, Lappisch, Tschu-waschisch, Ukrainisch, Türkisch.

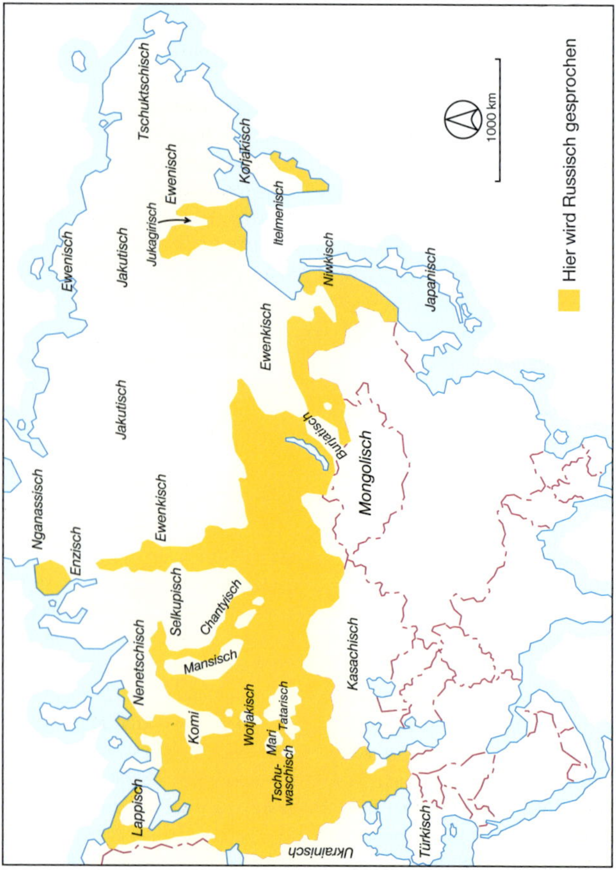

Die russische Sprache

Das gesprochene Russisch weicht erfreulicherweise nur wenig vom geschriebenen Wort ab. Außerdem sind die dialektbedingten Unterschiede im Russischen nicht so umfangreich wie das zum Beispiel in der deutschen Sprache der Fall ist. So ist es relativ einfach, die Aussprache zu erlernen, aber auch andere zu verstehen. Einziger „Wermutstropfen" ist der besonders schnelle Redefluss vieler russischer Frauen.

Das Russische wird in drei Hauptgruppen unterteilt: in eine nord-, süd- und in eine mittelrussische Gruppe. Ein besonders wichtiges Unterscheidungsmerkmal dieser Gruppen ist die Aussprache des unbetonten „o": Die nordrussischen Dialekte sind durch das Okanje bestimmt. Das heißt, jedes unbetonte „o" wird kurz und unbetont gesprochen. Die südrussischen und mittelrussischen Dialekte sind durch das Akanje bestimmt. Das bedeutet, dass das unbetonte „o" sehr offen ausgesprochen wird, oft sogar wie ein richtiges „a". Diese mittelrussische Gruppe (mit dem Moskauer Dialekt) bildet den Lernstandard für die russische Sprache.

Lernanfänger müssen sich nicht mit diesen Aussprachefinessen plagen. Man wird auch so verstanden. Doch sollte man diese Problematik kennen, um seine Gesprächspartner besser zu verstehen.

Kauderwelsch-AusspracheTrainer

*Falls Sie sich die wichtigsten russischen Sätze, die in diesem Buch vorkommen, einmal von einer Einheimischen gesprochen anhören möchten, kann Ihnen Ihre Buchhandlung den **AusspracheTrainer (Audio-CD)** zu diesem Buch besorgen. Sie bekommen ihn auch über unseren Internetshop **www.reise-know-how.de** Dort steht der **AusspracheTrainer** auch als **MP3-Download** zur Verfügung. Alle Sätze, die Sie auf dem **AusspracheTrainer** hören können, sind in diesem Buch mit einem ♫ gekennzeichnet.*

Das russisch-kyrillische Alphabet

Die kyrillische Schrift löste im 10. Jh. die ältere, sogenannte glagolitische Schrift ab. Diese damals neue Schrift wurde nach dem Slawenapostel Kyrill benannt. Er lebte vermutlich im 9. Jh. und hatte jedoch nicht die kyrillische, sondern die ältere glagolitische Schrift geschaffen.

In Russland wurde die kyrillische Schrift zuerst unter Peter dem Großen und dann nach der Oktoberrevolution 1917 noch einmal vereinfacht. Um 1930 veranlasste Stalin die Umstellung der Schrift nichtslawischer Sprachen innerhalb fast aller Unionsrepubliken auf das kyrillische Alphabet. So kommt es, dass heute – außer Letten, Litauern, Esten, Georgiern und Armeniern – alle Völker der ehemaligen UdSSR ihre Sprachen (noch) in kyrillischer Schrift schreiben.

Bis auf spezielle Abänderungen und Zusätze werden die kyrillischen Zeichen noch heute sowohl von Russen, als auch von Ukrainern, Weißrussen, Bulgaren, Serben und Makedoniern gleichermaßen verwendet.

ъ ist ein Härtezeichen und wird in der Lautschrift nicht gekennzeichnet. Das ь ist ein Weichheitszeichen und wird in der Lautschrift mit * wiedergeben, wenn dadurch eine Lautveränderung stattfindet.

А, а	a	К, к	ka	Х, х	cha
Б, б	be	Л, л	el	Ц, ц	tse
В, в	we	М, м	em	Ч, ч	tsche
Г, г	ge	Н, н	en	Ш, ш	scha
Д, д	de	О, о	o	Щ, щ	schtsch
Е, е	je	П, п	pe	Ъ, ъ	twjordyj znak
Ё, ё	jo	Р, р	er	Ы, ы	y
Ж, ж	she	С, с	es	Ь, ь	mjachkij znak
З, з	ze	Т, т	te	Э, э	ä
И, и	i	У, у	u	Ю, ю	ju
Й, й	i-kratkoje	Ф, ф	ef	Я, я	ja

Lautschrift & Aussprache

Die hier gewählte Lautschrift ist orientiert an der Aussprache der deutschen Buchstaben und ermöglicht so, die russischen Worte und Sätze leicht und schnell zu erlernen. Sie gibt im Wesentlichen das Schriftbild der kyrillisch geschriebenen russischen Wörter wieder. Sie weicht nur dann vom russischen Schriftbild ab, wenn Lautverbindungen anders gesprochen als geschrieben werden. Hier werden nur die Buchstaben aufgeführt, deren Aussprache nicht eindeutig ist.

w	wie in „**W**asser"	sèw<u>o</u>dnja *heute*
v	wie in „**V**ogel"	vsèg<u>a</u> *immer*
je	betont und lang wie in „**je**mand"	dj<u>e</u>wuschka *Mädchen*
e	betont: nach ts, sh, sch und in Fremdworten lang wie in „B**ee**t"	sh<u>e</u>nschtschyna *Frau*
e	unbetont: wie auslautendes „e" in „End**e**" (nach ts, tsch, sch)	t<u>o</u>she *auch*
è	unbetont: zwischen kurzem „e" und „i", so als spräche man ein kurzes „j" vor dem „e" (wie in „Ant**je**"/„Mum**ie**")	sèstr<u>a</u> *Schwester* tèbj<u>a</u> *dich*
jè	unbetont: Hier ist das „j" deutlich zu hören	jèschtsch<u>o</u> *noch;* skash<u>i</u>tjè! *sagt!;* poj<u>è</u>zd *Zug*
jo	mit offenem „o", wie in „**Jo**chen"	j<u>o</u>lka *Tannenbaum*
sh	stimmhaftes „sch" wie in „Gara**g**e" oder in „**J**ournal"	shurn<u>al</u> *Zeitschrift*
z	stimmhaftes „s" wie in „Ro**s**e"	zim<u>a</u> *Winter;* raz *Mal*
j	wie in „**J**ahr"	moj *mein*

avt<u>o</u>bus *Autobus*	<u>o</u>	betont, lang und geschlossen wie in „M**o**nd"
w<u>y</u>chod *Ausgang*	o	unbetont und offen
ødin *eins;* k**ø**gd<u>a</u> *wann*	ø	unbetontes „o", fast wie kurzes „a"
spo**r**t *Sport*	**r**	rollendes Zungenspitzen-r
sok *Saft;* pi**s**m<u>o</u> *Brief*	**s**	stimmlos wie in „Bu**s**"
sk<u>o</u>lkø *wie viel;* **sp**ort *Sport;* v**st**r<u>e</u>tit* *treffen*	**sk, sp, st**	wie in Norddeutschland sprechen, also nicht „schk, schp, scht"!
wy**ch**od *Ausgang*	**ch**	ein ach-Laut wie in „Ba**ch**"
gø**ts**tinitsa *Hotel*	**ts**	wie „z" in „**Z**ebra"
po**tsch**ta *Post*	**tsch**	stimmlos wie in „deu**tsch**"
schk<u>o</u>la *Schule*	**sch**	stimmlos wie in „**Sch**ule"
<u>o</u>wo**schtsch**i *Gemüse*	**schtsch**	stimmlos mit schwachem „t"
s<u>y</u>n *Sohn*	**y**	wie „i" in „T**i**sch"
gøwør<u>i</u>t* *sprechen;* tètr<u>a</u>d* *Heft (w);* r<u>u</u>bl* *Rubel (m);* sh<u>i</u>zn* *Leben (w)*	*	der vorangehende Mitlaut wird „weicher" gesprochen, als ob ein flüchtiges „j" danach gesprochen wird, z. B. wie in „Ant**je**". Hörbar ist dies nur nach -d und -t. Besteht keine hörbare Lautveränderung, steht auch kein *, außer zur Kennzeichnung des grammatischen Geschlechts eines Hauptwortes.

Sonderzeichen

Wenn zwei Wörter beim Sprechen so verschmelzen, dass sie wie ein einziges Wort klingen, werden sie mit Bindestrich verbunden, z. B.: w-g<u>o</u>rod *in die Stadt.* Wenn zwei Selbstlaute getrennt gesprochen werden (wie im deutschen „be|achten"), steht ein Apostroph zwischen diesen, z. B.: ne'o.

hart/weich

Der Unterschied zwischen den sogenannten „harten" und „weichen" Selbstlauten spielt im Russischen vor allem bei der Beugung eine Rolle. Die Einteilung in „hart" und „weich" hat nichts mit der Einteilung in „stimmhaft" und „stimmlos" zu tun!

hart:	**a** (a), **ä** (э), **o** (o), **u** (y), **y** (ы)
weich:	**ja** (я), **je** (e), **jo** (ё), **ju** (ю), **i** (и)

In Klammern stehen die kyrillischen Buchstaben.

Mitlaute gelten immer als „hart"; sie können jedoch durch einen nachfolgenden „weichen" Selbstlaut oder ein Weichheitszeichen „weich" ausgesprochen werden.

Betonung

Betonte Selbstlaute werden besonders klar und deutlich ausgesprochen. Unbetonte Selbstlaute werden wesentlich kürzer und undeutlicher gesprochen. Da die Betonung im Russischen frei ist, sich z. B. bei der Beugung eines Wortes verändern kann, ist die Betonung in der Lautschrift immer durch Unterstreichung gekennzeichnet.

Eine falsche Betonung erschwert die Verständigung und kann in einigen Fällen sogar zu Missverständnissen führen.

wratsch	der Arzt	**wratscha**	des Arztes
muka	Qual	**muka**	Mehl

Wörter, die weiterhelfen

Auf einen Blick das Vokabular, was Sie gleich nach der Ankunft gebrauchen können:

da – njet	ja – nein
spasjbø – pøshalsta	danke – bitte
Dobryj djen*!	Guten Tag!
Do-swidanja!	Auf Wiedersehen!

Nahezu jede Frage lässt sich höflich mit einer der folgenden Einleitungen beginnen:

Entschuldigen Sie, bitte	**Izwinitjè, pøshalsta, ...**
Verzeihen Sie, bitte	**Prøstitjè, pøshalsta, ...**
Sagen Sie, bitte	**Skashitjè, pøshalsta, ...**
Zeigen Sie, bitte	**Pokashitjè, pøshalsta, ...**
Geben Sie, bitte	**Dajtjè, pøshalsta, ...**

In sämtliche folgende Satzkonstruktionen kann man alle (sinnvollen) Wörter aus der Wörterliste unverändert einsetzen!

Jest*...? – *Gibt es ...?*

Jest* swøbodnaja komnata?	**Jest* piwo?**
es-gibt freies Zimmer	*es-gibt Bier*
Gibt es ein freies Zimmer?	Gibt es Bier?

kofe	Kaffee	**rynok**	Markt
tschaj	Tee	**wratsch**	Arzt

Da, äto jest*.
ja dieses es-gibt
Ja, das gibt es.

Njet, ätowo njet.
nein dieses² nicht
Nein, das gibt es nicht.

U was jest* ...? – *Haben Sie ...?*

U was jest* biljety?
bei euch es-gibt Fahrkarten
Haben Sie Fahrkarten?

U was jest* plan goroda?
bei euch es-gibt Plan Stadt²
Haben Sie einen Stadtplan?

Da, äto u nas jest*.
ja dieses bei uns es-gibt
Ja, das haben wir.

Njet, ätowo u nas njet.
nein dieses² bei uns nicht
Nein, haben wir nicht.

Gdje ...? – *Wo ist / gibt es ...?*
Gdje nachoditsa ...? – *Wo befindet sich ...?*

Gdje gøstinitsa?
wo Hotel
Wo ist ein Hotel?

Gdje taksi?
wo Taxi
Wo gibt es ein Taxi?

Gdje nachoditsa muzej?
wo (es)befindet-sich Museum
Wo befindet sich das/ein Museum?

Gdje nachoditsa bølnitsa?
wo (es)befindet-sich Krankenhaus
Wo ist das Krankenhaus?

aptjeka; wøkzal	Apotheke; Bahnhof
bank; pøsolstwo	Bank; Botschaft
a'äröport; konsulstwo	Flughafen; Konsulat
militsija; potschta	Polizei; Post
rèstøran; tèlèfon	Restaurant; Telefon
tualjet; mastèrskaja	Toilette; Werkstatt

Damit Sie nicht auf Gesten angewiesen sind,
hier noch ein paar Orientierungshilfen:

zdjes/wot; tam	hier; dort
sprawa; sljewa	rechts; links
naprawo; naljewo	nach rechts/links
prjamo; nazad	geradeaus; zurück
dalèko; nèdalèko	weit; nah
pèrèkrjostok	Kreuzung
swètøfor	Ampel
za gorodom	außerhalb der Stadt
w-tsentrjè	im Zentrum

Skolkø stoit ...? – *Wie viel kostet ...?*

Skolkø stoit komnata?
wie-viel (es)kostet Zimmer
Wie viel kostet ein Zimmer?

Skolkø stoit biljet?
wie-viel (sie)kostet Fahrkarte
Wie viel kostet die/eine Fahrkarte?

Skolkø äto stoit?   **Äto stoit ...**
wie-viel dieses (es)kostet   *dieses kostet*
Wie viel kostet das?   Das/es kostet ...

Hauptwörter

Es gibt auch im Russischen männliche, weibliche und sächliche Hauptwörter (*m, w, s*). Die russische Einteilung der Hauptwörter in eine „harte" und „weiche" Gruppe gibt es hingegen im Deutschen nicht.

hart auf Mitlaut	**tèatr** *Theater*	*männlich*
weich auf **-j**	**tramwaj** *Straßenbahn*	
weich auf *	**rubl*** *Rubel*	
hart auf **-a**	**komnata** *Zimmer*	*weiblich*
weich auf **-ja**	**nèdjelja** *Woche*	
weich auf *	**tètrad*** *Heft*	
hart auf **-o**	**mjesto** *Platz*	*sächlich*
weich auf **-j**	**morjè** *Meer*	

Das grammatikalische Geschlecht eines russischen Wortes entspricht nicht immer dem des deutschen Wortes. Aber Hauptwörter, die männliche Personen bezeichnen, sind immer männlich. Hauptwörter, die weibliche Personen bezeichnen, sind immer weiblich:

rèstøran *m*	Restaurant (s)
komnata *w*	Zimmer (s)
papa *m*	Papa
mat* *w*	Mutter

Wenn man das grammatische Geschlecht nicht eindeutig an der Endung ablesen kann, ist immer gekennzeichnet (*m, w, s*).

Mehrzahl

Zur Bildung der Mehrzahl von männlichen und weiblichen Hauptwörtern hängt man bei der „harten" Gruppe einfach ein -y an und bei der „weichen" Gruppe wird die Einzahlendung durch -i ersetzt.

Einzahl	Mehrzahl	
tèatr *m*	tèatry	Theater
tramwaj *m*	tramwa'i	Straßenbahn/-en
rubl* *m*	rubli	Rubel
komnata *w*	komnaty	Zimmer
nèdjelja *w*	nèdjeli	Woche/-n
tètrad* *w*	tètradi	Heft/-e

Die Endungen für sächliche Hauptwörter lauten -a für die „Harten", -ja für die „Weichen". Auch hier gilt: Die Mehrzahlendung ersetzt die Einzahlendung.

mjesto	mèsta	Ort/-e, Platz/Plätze
morjè	mørja	Meere

Einige männliche Hauptwörter bilden die Mehrzahl ebenfalls mit -a. Hier ändert sich auch die Betonung:

gorod	gørøda	Stadt/Städte
dom	døma	Haus/Häuser
adrès	adrèsa	Adresse/-n
glaz	glaza	Auge/-n
pojèzd	pojèzda	Zug/Züge

Wie im Deutschen gibt es auch im Russischen Hauptwörter, die es nur in der Einzahl bzw. nur in der Mehrzahl gibt:

djengi *Mz*	Geld
kanikuly *Mz*	Ferien

Artikel

Erfreulicherweise gibt es im Russischen weder den bestimmten Artikel („der, die, das") noch einen unbestimmten Artikel (also auch kein: „ein, eine"). So kann wøkzal „der Bahnhof" sein, aber auch „ein Bahnhof" oder einfach nur mit „Bahnhof" übersetzt werden. Welche der drei Bedeutungen jeweils richtig ist, ergibt sich aus dem Textzusammenhang.

Aber: Braucht man das Wörtchen „ein" als Mengenangabe, so muss man das Zahlwort ødin *eins* verwenden, z. B. ødin litr *ein Liter*.

Dieses & Jenes

Die hinweisenden Fürwörter stehen immer vor dem Hauptwort, auf das sie sich beziehen und richten sich in Zahl und Geschlecht nach diesem. Steht das Hauptwort jedoch in der Mehrzahl, gibt es nur jeweils eine Form (zwischen männlich, weiblich, sächlich wird also nicht unterschieden)!

diese(r, -s)	jene(r, -s)	so eine(r, -s)
männlich ätot	tot	takoj
weiblich äta	ta	takaja
sächlich äto	to	takojè
Mehrzahl äti	tje	takijè

ätot tramwaj *m*	diese Straßenbahn
takaja kniga *w*	solch ein Buch
to kino *s*	jenes Kino
äti djeti *Mz*	diese Kinder

Mit äto (dieses) kann man sogar schon kleine
Sätze bilden. Im Deutschen wird es dann mit
„das ist" oder „es ist" übersetzt:

Äto moj drug.   **Äto møja pødruga.**
dieses mein Freund   *dieses meine Freundin*
Das ist mein Freund. Das ist meine Freundin.

Eigenschaftswörter

*In der Wörterliste im
Anhang sind Eigen-
schaftswörter nur in
der männlichen Form
angegeben.*

Die Eigenschaftswörter stehen immer vor
dem Hauptwort, auf das sie sich beziehen,
und richten sich in Zahl und Geschlecht nach
diesem. Die meisten Eigenschaftswörter en-
den auf -yj. Darüber hinaus enden einige auf -
oj (betonte Endung!). Endet der Stamm des
Eigenschaftswortes auf -g-, -k-, -ch- oder einem
Zischlaut, so folgt die Endung -ij. Die En-
dungen lauten dann jeweils wie in der folgen-
den Tabelle angegeben.

krasiw-yj *schön*	bølsch-oj *groß*	wysok-ij *hoch*	
krasiw-yj	bølsch-oj	wysok-ij	*männlich*
krasiw-aja	bølsch-aja	wysok-aja	*weiblich*
krasiw-ojè	bølsch-ojè	wysok-ojè	*sächlich*
krasiw-yjè	bølsch-ijè	wysok-ijè	*Mehrzahl*

krasiwyj tschèløwjek   ein schöner Mann
krasiwaja djewotschka ein schönes Mädchen
krasiwojè mjesto   ein schöner Ort
krasiwyjè djeti   schöne Kinder

Sätze ohne Verben

Nun kann man kleine Sätze aus Haupt- und Eigenschaftswort bilden. Letzteres muss sich als Satzergänzung (Objekt) in Zahl und Geschlecht nach dem Hauptwort richten.

Ätot dom bølschoj.   **Tschèløwjek krasiwyj.**
dieses Haus groß(m)   *Mann schön(m)*
Dieses Haus ist groß.   Der Mann ist schön.

Djewotschka krasiwaja.   **Mjesto krasiwojè.**
Mädchen schön(w)   *Ort schön(s)*
Das Mädchen ist schön.   Der Ort ist schön.

Ätot nowyj dom bølschoj.
dieses neue Haus groß(m)
Dieses neue Haus ist groß.

Staryj tschèøwjek krasiwyj.
alter Mann schön(m)
Der alte Mann ist schön.

Eigenschaftswörter

Ist der Satzgegenstand (Subjekt) ein persönliches Fürwort („ich, du ..."), richtet sich das Eigenschaftswort danach, ob die handelnde Person ein Mann oder eine Frau ist!

Im Buch werden die männliche und weibliche Form immer durch einen Schrägstrich getrennt angegeben:
Ja ust̲a̲l/ust̲a̲la.

Ja ust̲a̲l.
ich müde(m)
Ich bin müde.
(sagt ein Mann!)

Ja ust̲a̲la.
ich müde(w)
Ich bin müde.
(sagt eine Frau!)

Ty simpat̲i̲tschèn.
du nett(m)
Du bist nett!
(zu einem Mann!)

Ty simpat̲i̲tschna.
du nett(w)
Du bist nett!
(zu einer Frau!)

Um Vergangenheit und Zukunft für diese Sätze zu bilden, braucht man (wie im Deutschen) die entsprechenden Vergangenheits- und Zukunftsformen von byt* *sein*.

Yulaki Khvenchuk@fotolia.com

▪ Russische Eisenbahn

Liste wichtiger Eigenschaftswörter	
chøroschij; pløchoj	gut; schlecht
bølschoj; malènkij	groß; klein
mølødoj/nowyj; staryj	jung; alt
tjoplyj; chølodnyj	warm; kalt
blizkij; dalnij	nah; fern
krasiwyj; nèkrasiwyj	schön; hässlich
bølnoj; zdørowyj	krank; gesund
dørøgoj; dèschowyj	lieb/teuer; billig
bøgatyj; bjednyj	reich; arm
silnyj; slabyj	stark; schwach
prøstoj; sloshnyj	einfach; schwierig
ljochkij; tjasholyj	leicht; schwer
polnyj; pustoj	voll; leer
gølodnyj; sytyj	hungrig; satt
tschistyj; grjaznyj	sauber; schmutzig
dlinyj; kørotkij	lang; kurz
wysokij; nizkij	hoch; niedrig/tief
bystryj; mjedlènyj	schnell; langsam
stschastliwyj	glücklich
pétschalnyj	traurig
intèrjesnyj	interessant
skutschnyj	langweilig
umnyj; glupyj	klug; dumm
swjetlyj; tjomnyj	hell; dunkel

Farben	
bjelyj; sholtyj	weiß; gelb
øranshewyj; krasnyj	orange; rot
rozowyj; zèljonyj	rosa; grün
sinij; fiøljetowyj	blau; violett
køritschnèwyj; sjeryj	braun; grau
tschjornyj; tswètnoj	schwarz; bunt, farbig

Steigern & Vergleichen

Zur Bildung der 1. Steigerungsstufe (Komparativ) wird das unveränderliche bojèlè *mehr* bzw. mjenèjè *weniger* vor das Eigenschaftswort gestellt, welches sich in Zahl und Geschlecht nach dem dazugehörigen Hauptwort richtet.

Für die 2. Steigerungsstufe (Superlativ) wird samyj *am meisten* vor das entsprechende Eigenschaftswort gestellt und richtet sich wie auch das Eigenschaftswort in Zahl und Geschlecht nach dem dazugehörigen Hauptwort.

sladkij *süß (m)*

sladkaja *süße (w)*

bojèlè sladkij	**samyj sladkij**
mehr süß(m)	*am-meisten(m) süß(m)*
süßerer	süßester
bojèlè sladkaja	**samaja sladkaja**
mehr süße(w)	*am-meisten(w) süße(w)*
süßere	süßeste

mjenèjè krasiwyj tschèløwjek
weniger schöner(m) Mann
ein weniger schöner Mann

bojèlè krasiwaja djewotschka
mehr schönes(w) Mädchen
ein schöneres Mädchen

samojè krasiwojè mjesto
am-meisten(s) schöner(s) Ort
der schönste Ort

samyjè krasiwyjè djeti

am-meisten(Mz) schöne(Mz) Kinder

die schönsten Kinder

Von einigen Eigenschaftswörtern wird die 1. Steigerungsstufe unregelmäßig gebildet; die 2. Steigerungsstufe ist jedoch regelmäßig.

chøroschij	**lutschij**	**samyj chøroschij**
gut	besser	bester
pløchoj	**chudschij**	**samyj pløchoj**
schlecht	schlechter	schlechtester
bølschoj	**bolschij**	**samyj bølschoj**
groß	größer	größter
malènkij	**menschij**	**samyj malènkij**
klein	kleiner	kleinster
staryj	**starschij**	**samyj staryj**
alt	älter	ältester

Ist das gesteigerte Eigenschaftswort aber ein Umstandswort, lauten die Formen anders: Äto lutsche/chushe/bolsche/mjensche/starsche. *Das ist besser/schlechter/größer/kleiner/älter.*

vergleichen

Die Ungleichheit zweier Dinge, die man miteinander vergleicht, wird mit tschjem *als* ausgedrückt.

Pètrøgrad bojèlè krasiwyj tschjem Lejptsig.

Petersburg mehr schön als Leipzig

Petersburg ist schöner als Leipzig.

Tamara bojèlè krasiwaja tschjem Maria.

Tamara mehr schön(w) als Maria

Tamara ist schöner als Maria.

Die Gleichheit zweier Dinge, die man mitein-
ander vergleicht, wird durch die Konstruktion
takoj-she ... *wie so ... wie* ausgedrückt, die das
entsprechende Eigenschaftswort wie eine
Klammer umschließt. takoj richtet sich in Zahl
und Geschlecht nach dem jeweiligen Satzge-
genstand (Subjekt).

Pètrøgrad takoj-she krasiwyj kak Parish.
Petersburg so schön wie Paris
Petersburg ist genauso schön wie Paris.

Tamara takaja-she krasiwaja kak Maria.
Tamara so schön(w) wie Maria
Tamara ist genauso schön wie Maria.

Umstandswörter

Ein Umstandswort der Art und Weise (Fra-
ge: „wie?", „auf welche Art und Weise?") lässt
sich relativ einfach aus dem dazugehörigen
Eigenschaftswort (Frage: „was für ein?") ab-
leiten. Hierzu wird die männliche Endung des
Eigenschaftswortes (-yj, -ij, -oj) in der Regel
durch die Endung -o ersetzt.

chøroschij djen* | **On rabotajèt chørøscho!**
guter Tag | *er (er)arbeitet gut(Umst.)*
ein guter Tag | Er (er)arbeitet gut!

wichtige Umstandswörter

prawilno; nèprawilno	richtig; falsch
wysøko; glubøko	hoch; tief
chørøscho; plocho	gut; schlecht
bystro; mjedlèdno	schnell; langsam
cholodno; tèplo	kalt; warm
wjesèlo; pètschalno	fröhlich; traurig
grjazno; tschisto	schmutzig; sauber
nikøgda; vsègda	niemals; immer
ransche; poshshe	früher; später
sèwodnja; zavtra	heute; morgen
zdjes; tam	hier; dort
mnogo; malo	viel; wenig
vsjo; nitschèwo	alles; nichts
otschèn; slischkom	sehr ...; zu sehr ...

otschèn chørøscho   slischkom bølschoj
sehr gut(Umst.)   *zu-sehr groß*
sehr gut   zu groß

Fürwörter

Im Russischen wird für die höfliche Anrede die 2. Person Mehrzahl wy *ihr* verwendet. Passend dazu verwendet man auch die Verbform der 2. Person Mehrzahl.

ja	ich	my	wir
ty	du	wy	ihr, Sie
on; øna; øno	er; sie; es	øni	sie *(Mz)*

Die besitzanzeigenden Fürwörter stehen vor dem Hauptwort, auf das sie sich beziehen, und richten sich in Zahl und Geschlecht nach diesem. Die 3. Person Einzahl und Mehrzahl (jèw̠o, jèj̠o, ich) sind unveränderlich!

	mein	dein	sein	ihr *(Ez)*	unser	euer/Ihr	ihr *(Mz)*
m	moj	twoj	jèw̠o	jèj̠o	nasch	wasch	ich
w	møja	twøja	jèw̠o	jèj̠o	nascha	wascha	ich
s	møjo	twøjo	jèw̠o	jèj̠o	nasche	wasche	ich
Mz	mø'i	twø'i	jèw̠o	jèj̠o	naschi	waschi	ich

Beachte: ich *(ihr, Mz)* **moj drug** *m*   mein Freund
wird mit rauhem „ch" **twøja pødruga** *w*   deine Freundin
wie im deutschen Wort **nasche taksi** *s*   unser Taxi
„ach" ausgesprochen! **waschi djeti** *(Mz)*   eure Kinder / Ihre Kinder

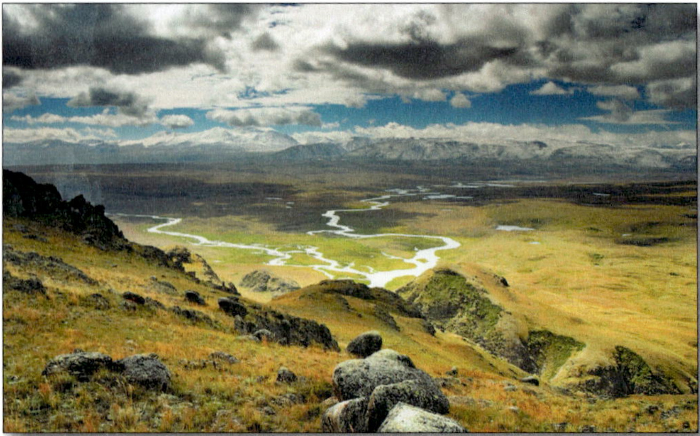

■ Ukok Plateau im Altai-Gebirge, Südwest-Sibirien

Tätigkeitswörter

Die Grundform eines Verbs besteht aus einem Stamm und einer Endung. Die häufigsten Endungen lauten -at* / -jat* und -it*, seltener sind -et*, -ti und -tsch, z.B.: djelat* *machen*, umjet* *können*, gøwørit* *sprechen*.

Gegenwart

Je nach Endung der Grundform kann man zwischen drei Beugungstypen unterscheiden:

e-Beugung: Bei Verben, die auf -at* / -jat* enden, wird das -t* durch die Beugungsendung ersetzt (-a- bzw. -ja- bleiben erhalten).

jo-Beugung: Bei einigen Verben auf -at*/-jat* ist die Endung der Grundform betont, daher verwandelt sich das -je- in -jo-.

i-Beugung: Bei Verben endend auf -it* wird das -it* durch die Beugungsendung ersetzt!

e-Beugung	**jo**-Beugung	**i**-Beugung	
djelat*	vstawat*	gøwørit*	
machen	*aufstehen*	*sprechen*	
djela-ju	vsta-ju	gøwør-ju	ja
djela-jèsch	vsta-josch	gøwør-isch	ty
djela-jèt	vsta-jot	gøwør-it	on, øna, øno
djela-jèm	vsta-jom	gøwør-im	my
djela-jètjè	vsta-jotjè	gøwør-itjè	wy
djela-jut	vsta-jut	gøwør-jat	øni

Die Bindestriche stehen hiernur zur Anschaulichkeit.

In den Wörterlisten ist immer angegeben nach welchem Schema das unregelmäßige Verb gebeugt wird.

Verben endend auf -et* werden mal nach der e-Beugung, mal nach der i-Beugung gebeugt.

Verben, die auf -owat* oder -ewat* enden, werden nach der e-Beugung gebeugt. Sie verändern bei der Beugung jedoch ihren Stamm, indem -ow- bzw. -ew- zu -u- werden. Die Endungen der e-Beugung bleiben erhalten, z. B.: tantsèwat* *tanzen*, ja tantsuju *ich tanze*, ty tantsujèsch *du tanzt* ..., øni tantsujut *sie tanzen*.

Aspekte

Beachte:
Die Gegenwart kann nur von Verben des unvollendeten Aspekts gebildet werden.
Die gleichen Endungen bedeuten für die Verben des vollendeten Aspekts die Zukunft!

Der „Aspekt" ist eine grammatische Erscheinung in slawischen Sprachen, die es im Deutschen nicht gibt. Für die meisten Verben gibt es im Russischen jeweils zwei Varianten, eine sogenannte „vollendete" und „unvollendete". Der Aspekt gibt der Bedeutung eines Verbs verschiedene Nuancen. Diese Zusatzinformationen werden oft auch aus dem Sinnzusammenhang deutlich. Es ist daher nicht so schlimm, wenn man ein Verb im falschen Aspekt verwendet. Der Einfachheit halber ist es anfangs durchaus möglich, die Verben nur im unvollendeten Aspekt zu verwenden.

unvollendeter Aspekt

Der „unvollendete" Aspekt betont die Dauer einer Handlung, ...

... die zur Zeit noch im Gang ist oder war;

... die sich regelmäßig bis häufig wiederholt.

Von Verben im unvollendeten Aspekt können alle drei Zeitformen (Gegenwart, Vergangenheit und Zukunft) gebildet werden.

Unvollendete Verben stehen meist in Verbindung mit typischen Zeitwörtern:

tschasto; dolgo	oft; lange
jèshednjewno; sèwodnja	täglich; heute
vsègda; øbytschno	immer; gewöhnlich
rjedko; inøgda	selten; manchmal

Ja rabotaju.
ich arbeite
Ich arbeite.
(regelmäßig!)

Ja tschitaju knigu.
ich lese Buch[4]
Ich lese das/ein Buch.
(jetzt gerade!)

Kashdyj djen* ja djelaju zarjadku.
jeder Tag ich mache Frühsport[4]
Ich mache jeden Tag Frühsport.

vollendeter Aspekt

Der „vollendete" Aspekt betont Resultat oder zeitliche Begrenzung einer Handlung, die ...
... einmalig und abgeschlossen ist;
... einmalig ist und beendet werden soll.

Verben im vollendeten Aspekt werden nicht so häufig verwendet; von ihnen kann auch nur die Zukunft und die Vergangenheit gebildet werden.

Übrigens: Die Zukunftsform von vollendeten Verben bildet man nach dem Beugungsschema der Gegenwart für unvollendete Verben!

Verben im vollendeten Aspekt sind in den Wörterlisten und in der Wort-für-Wort-Übersetzung mit „v" gekennzeichnet. Alle nicht näher gekennzeichneten Verben stehen im unvollendeten Aspekt.

My prarabotaly dwa tschasa.
wir arbeiteten(Mz,v) zwei Stunden
Wir arbeiteten zwei Stunden.
(... und jetzt sind wir fertig!)

Ja protschitaju knigu.
ich werde-lesen(v) Buch⁴
Ich werde das Buch (durch)lesen.
(... dann kannst du es wiederhaben!)

Vtschèra on zdjelal øschibku.
gestern er machte(m,v) Fehler⁴
Gestern machte er einen Fehler.
(... nur einmal!)

Vergangenheit

Die Vergangenheit wird für alle Verben (egal ob „vollendet" oder „unvollendet") gleich gebildet: Man geht von der Grundform des Verbs aus und ersetzt die Grundform-Endung -t* durch die Endung der Vergangenheit. Aus djelat* *machen* wird so djelal *machte*, aus gøwørit* *sprechen* wird gøwøril *sprach*.

Einzahl: **-l** *m*, **-la** *w*, **-lo** *s*	Mehrzahl: **-li**

Man unterscheidet ob die handelnde Person männlich, weiblich oder sächlich ist (bei 1.-3. Person Einzahl), bzw. ob es sich um eine Mehrzahl von handelnden Person handelt!

Die russische Vergangenheitsform kann mit allen deutschen Zeiten der Vergangenheit übersetzt werden, z. B. kann on pisal je nach Sinnzusammenhang übersetzt werden mit:
er schrieb (einfache Vergangenheit)
er hat geschrieben (vollendete Gegenwart)
er hatte geschrieben (vollendete Vergangenheit)

Tamara pisala pismo.
Tamara schrieb(w) Brief
Tamara schrieb einen Brief.

Iwan pisal pismo.
Iwan schrieb(m) Brief
Iwan hat einen Brief geschrieben.

Tamara i Iwan pisali pismo.
Tamara und Iwan schrieben(Mz) Brief
Tamara und Iwan hatten einen Brief geschrieben.

Die Formen der Vergangenheit richten sich wie bei den Eigenschaftswörtern in Zahl und Geschlecht nach dem dazugehörigen Satzgegenstand!

Zukunft

Die Zukunft von Verben des unvollendeten Aspekts bildet man mit der Zukunftsform des Hilfsverbs byt* *sein*. Dazu wird byt* mit der Grundform des entsprechenden Verbs kombiniert. Die Konstruktion ist also wie im Deutschen, z. B. „ich werde gehen, du wirst gehen ...". – Hier die Zukunftsform von byt*:

byt* – *sein (Zukunft)*	
ja budu	ich werde
ty budjèsch	du wirst
on/øna budjèt	er/sie wird
my budjèm	wir werden
wy budètjè	ihr werdet
øni budut	sie werden

Ja budu utschitsa ruskomu jazyku.
ich werde lernen-sich russische³ Sprache³
Ich werde Russisch lernen.

Die Zukunft von vollendeten Verben bildet man, indem man sie wie unvollendete Verben in der Gegenwart beugt! Vergleiche die Zukunft des Verbs „machen" im unvollendeten (djelat*) und vollendeten (sdjelat*) Aspekt:

ja budu djelat*	**ja sdjelaju**
ich werde machen	*ich werde-machen(v)*
ich werde machen	ich werde machen

Modalverben: können, wollen, müssen

Die Beugung der Verben ist schwierig genug. Wer es sich einfacher machen will, kann sich mit Hilfe der Modalverben elegant aus der Affaire ziehen: Man braucht nämlich nur das gebeugte Modalverb mit der Grundform des gewünschten Verbs zu kombinieren. Irgendein Modalverb passt immer!

wollen, lieben, können, dürfen

chøtjet* *wollen, möchten*	**ljubit*** *lieben, mögen*
ja chøtschu	ja ljublju
ty chotschèsch	ty ljubisch
on/øna chotschèt	on/øna ljubit
my chøtim	my ljubim
wy chøtitjè	wy ljubitjè
øni chøtjat	øni ljubljat

motsch *können, dürfen*	**umet*** *können, wissen*
ja møgu	ja umeju
ty moshesch	ty umejèsch
on/øna moshet	on/øna umejèt
my moshem	my umejèm
wy moshetjè	wy umejètè
øni mogut	øni umejut

ljubit* kann als *Modalverb verwendet werden, aber auch als Vollverb.*

Ja chøtschu kupit* biljety.
ich will kaufen Fahrkarten
Ich möchte Fahrkarten kaufen.

On chotschèt iti dømoj.
er will gehen nach-Hause
Er möchte nach Hause gehen.

Ja ljublju putèschestwowat*.
ich liebe reisen
Ich reise gern.

Ja ljublju sluschat* muzyku.
ich liebe hören Musik[4]
Ich höre gern Musik.

Ja ljublju tèbja.
ich liebe dich⁴
Ich liebe dich.

Ja ljublju iskustwo.
ich liebe Kunst⁴
Ich liebe Kunst.

Neben den gebeugten Formen von motsch (können, dürfen) wird häufig die unpersönliche Nebenform moshno (man darf/kann) verwendet.

Moshno?
man-darf
Darf man/ich?

Moshno kurit*?
man-darf rauchen
Darf man/ich rauchen?

Moshno wøjti?
man-darf eintreten
Darf man eintreten?

Moshno! / Nèlzja!
man-darf / man-darf-nicht
Ja. / Man darf nicht!

Gdje moshno kupit* wodku?
wo man-darf kaufen Wodka⁴
Wo kann man Wodka kaufen?

umet heißt „können" im Sinne von „zu etwas fähig sein, etwas gelernt haben".*

Ja umeju plawat*.
ich kann schwimmen
Ich kann schwimmen.

Ty chørøscho umejèsch tantsewat*.
du gut(Umst.) kannst tanzen
Du kannst gut tanzen.

gerne wollen, müssen

Neben den „normalen" Modalverben gibt es im Russischen weitere Konstruktionen, z. B. die folgenden zwei:

Man kombiniert das im 3. Fall gebeugte persönliche Fürwort („mir, dir ...") mit einer unpersönlichen, unveränderlichen Form. Nach dieser Konstruktion folgt ein Verb.

Fürwörter im 3. Fall			
mnje	*mir*	**nam**	*uns*
tèbje	*dir*	**wam**	*euch*
jèmu *m/s*, **jej** *w*	*ihm, ihr*	**im**	*ihnen*

chotschètsa
gerne (etwas tun) wollen / möchten
nado
(etwas tun) müssen

Mnje chotschètsa spat*.
mir³ will-sich schlafen
Ich möchte schlafen.

Jèmu chotschètsa jest*.
ihm³ will-sich essen
Er möchte essen.

Nam chotschètsa pit*.
uns³ will-sich trinken
Wir möchten trinken.

Mnje nado pøjti.
mir³ man-muss losgehen(v)
Ich muss (jetzt) gehen.

Nado shdat*.
man-muss warten
Wir müssen warten.

Nado pøjti.
man-muss losgehen(v)
Ich muss / Wir müssen jetzt losgehen.

Zdjes nèlzja kurit*.
hier darf-man-nicht rauchen
Hier darf man nicht rauchen.

nado „man muss" wird sehr häufig auch ohne das gebeugte Fürwort als unpersönlicher Ausdruck verwendet. Der entsprechende verneinte Ausdruck „man kann/darf nicht" heißt nèlzja.

sollen/müssen

Eine andere Konstruktion, die den deutschen Modalverben „sollen, müssen" entspricht, ist die Kombination des (ungebeugten!) persönlichen Fürwortes mit do̱lshen. Es folgt das Verb, das besagt, was man tun muss. Hierbei ist allerdings zu beachten, dass sich do̱lshen in Zahl und Geschlecht nach dem Satzgegenstand (Subjekt) richtet!

	Einzahl	Mehrzahl
m	do̱lshen	dølshny̱
w	dølshna̱	dølshny̱
s	dølshno̱	dølshny̱

My dølshny̱ pokupa̱t*.
wir müssen(Mz) einkaufen(v)
Wir sollen einkaufen.

Ja do̱lshen uje̱chat*.　**Ja dølshna̱ uje̱chat*.**
ich muss(m) wegfahren(v)　ich muss(w) wegfahren(v)
Ich muss wegfahren.　　Ich muss wegfahren.
(sagt ein Mann!)　　　(sagt eine Frau)

etwas benötigen, brauchen

Folgendes ist keine Modalkonstruktion. Das im 3. Fall gebeugte persönliche Fürwort („mir, dir" usw.) wird mit nu̱shen *(etwas)* benötigen, brauchen kombiniert. Nun wird allerdings ein Hauptwort verlangt, eben das, was man braucht/ benötigt!

> mnje, tèbje, jèmu *m/s*, jej *w*, nam, wam, im
> &
> nushen *m*, nushna *w*, nushno *s*, nushny *Mz*

nushen „man braucht"
richtet sich in Zahl und
Geschlecht nach dem
ergänzten Hauptwort!

Mnje nushna wiza.
mir³ man-braucht(w) Visum
Ich brauche ein Visum.

Mnje nushny djengi.
mir³ man-braucht(Mz) Gelder(Mz)
Ich brauche Geld.

Sein & Haben

Die deutschen Gegenwartsformen von „sein" (bin, bist, ist, sind, seid, sind) existieren im Russischen nicht. Sätze, die im Deutschen das Verb „sein" verlangen, stehen im Russischen ganz ohne Verb:

On bølschoj.
er groß(m)
Er ist groß.

Øna bølschaja.
sie groß(w)
Sie ist groß.

Wenn jedoch das Vorhandensein einer Sache bezeichnet werden soll, wird jest* *es gibt* verwendet:

Jest* jèschtscho swobodnojè mjesto?
es-gibt noch freien Platz
Ist noch ein Platz frei?

Will man die Sätze in die Vergangenheit setzen, braucht man die Vergangenheitsformen von „sein"; sie lauten:

	Einzahl	Mehrzahl
m	byl	byli
w	byla	byli
s	bylo	byli

Øna byla krasiwaja.
sie war(w) schöne(w)
Sie war schön.

Äto chørøscho!
dieses gut(Umst.)
Das ist gut!

Äto bylo chørøscho!
dieses war(s) gut(Umst.)
Das war gut!

Äto budjèt chørøscho!
dieses (es)wird gut(Umst.)
Das wird gut werden!

haben, besitzen

Für das deutsche „haben" im Sinne von „besitzen" hat sich die russische Sprache einen Kunstgriff erdacht: Wörtlich sagt ein Russe nämlich „bei mir, bei dir ..." und meint damit „ich habe, du hast ...". Da das Verhältniswort u *bei* im Russischen den 2. Fall verlangt, steht auch das persönliche Fürwort im 2. Fall.

u ... *(+ persönliches Fürwort im 2. Fall)*

u mènja	ich habe	u nas	wir haben
u tèbja	du hast	u was	ihr habt
u nèwo *m/s*	er / es hat	u nich	sie haben
u nèjo *w*	sie hat		

In der Gegenwart kann außerdem das unveränderliche jest* *es gibt* hinzugefügt werden, wenn man den „Besitz" betonen möchte.

U mènja jest* avtomaschina.
bei mir² es-gibt Auto
Ich habe (besitze) ein Auto.

U nas jest* dom.
bei uns² es-gibt Haus
Wir haben (besitzen) ein Haus.

Für die Vergangenheit wird zusätzlich byl *war* (Vergangenheit von „sein") nachgestellt, welches sich in Zahl und Geschlecht nach dem richtet, „was man hatte/besaß".

U mènja byla avtomaschina.
bei mir² war(w) Auto
Ich hatte (besaß) ein Auto.

U nas byl dom.
bei uns² war(m) Haus
Wir hatten (besaßen) ein Haus.

Die Zukunftsform („ich werde haben/ besitzen" usw.) bildet man, indem man entweder budjèt *es wird* für die Einzahl bzw. budut *sie werden* für die Mehrzahl nachstellt.

U nèjo budjèt brat.
bei ihr² (es)wird Bruder
Sie wird einen Bruder haben (bekommen).

U mènja budut kanikuly.
bei mir² (sie)werden Ferien
Ich werde Ferien haben (bekommen).

Verben der Richtung & Bewegung

Neben den Aspektpaaren gibt es Verben, die immer im unvollendeten Aspekt stehen und Paare bilden, die sich nach Art der Bewegung und Richtung unterscheiden:

„Bestimmte" Verben bezeichnen eine Bewegung, die …
… einmalig erfolgt;
… in Richtung und Zeit bestimmt ist;
… mit einem bestimmten Ziel erfolgt.

„Unbestimmte" Verben bezeichnen eine Bewegung, die …
… mehrmalig erfolgt;
… nicht zielgerichtet ist (hin und her);
… gewohnheitsmäßig erfolgt (darf auch zielgerichtet sein);
… eine allgemeine Fähigkeit beschreibt.

	bestimmt	unbestimmt
fahren	jechat*	jezdit*
fliegen	lètjet*	lètat*
gehen	iti	chødit*
schwimmen	plyt*	plawat*
tragen, bringen	nèsti	nøsit*

Sèwodnja ja idu v-tèatr.
heute ich gehe in-Theater[4]
Heute gehe ich ins Theater.

bestimmt

Ja tschasto chøshu v-tèatr.
ich oft gehe in-Theater[4]
Ich gehe oft ins Theater.

unbestimmt

My jedjèm na wystavku.
wir fahren in Ausstellung[4]
Wir fahren zur Ausstellung.

bestimmt

On jezdit na pljasch.
er fährt an Strand[4]
Er fährt oft an den Strand.

unbestimmt

On idjot dømoj.
er geht nach-Hause
Er geht nach Hause.

bestimmt

On chodit po-dworu.
er geht durch-Hof[6]
Er läuft auf dem Hof umher.

unbestimmt

Jens Bernhardt@fotolia.com

Sandskpulptur in St. Petersburg

Rückbezügliche Verben

Die rückbezüglichen Verben erkennt man in der Grundform (Infinitiv) meistens an der Endung -sa *sich*. Diese Endung kann an viele Verben einfach angehängt werden, wenn dies einen Sinn ergibt:

razwlèkat*	**razwlèkatsa**
amüsieren	sich amüsieren
znakomit*	**znakomitsa**
bekannt machen	sich bekannt machen
vstrjetit*	**vstrjetitsa**
treffen	sich treffen
zanimat*	**zanimatsa**
beschäftigen	sich beschäftigen mit

Das rückbezügliche Verb kann aber eine völlig andere Bedeutung haben als das entsprechende nichtrückbezügliche Verb (ohne -sa):

døgøwariwat*	**døgøwariwatsa**
zu Ende reden	sich verabreden
prøschtschat*	**prøschtschatsa**
verzeihen	sich verabschieden

Verben, die im Russischen rückbezüglich sind, müssen dies nicht notwendigerweise auch im Deutschen sein:

utschitsa	**natschinatsa**
lernen	beginnen, anfangen

Die rückbezüglichen Verben werden wie „normale" Verben gebeugt, die Endung -sa (sich) wird einfach angehängt. Einzige Besonderheit: Nach Selbstlauten wird -sa zu -s! Hier ein Beispiel mit vstrètsch<u>a</u>tsa *sich treffen*:

Gegenwart	Vergangenheit	
ja vstrètsch<u>a</u>ju-s	*m*	vstrètsch<u>a</u>l-sa
ty vstrètsch<u>aj</u>èsch-sa	*w*	vstrètsch<u>a</u>la-s
on/øn<u>a</u> vstrètsch<u>aj</u>èt-sa	*s*	vstrètsch<u>a</u>lo-s
my vstrètsch<u>aj</u>èm-sa	*Mz*	vstrètsch<u>a</u>li-s
wy vstrètsch<u>aj</u>ètjè-s		
øn<u>i</u> vstrètsch<u>a</u>jut-sa		

Für die Zukunftsform beugt man byt* *sein* in der Zukunft und stellt das betreffende rückbezügliche (unvollendete!) Verb nach:

Ja b<u>u</u>du vstrètsch<u>a</u>tsa s-druzj<u>a</u>mi.
ich werde treffen-sich mit-Freunden[5]
Ich werde mich mit Freunden treffen.

Unregelmäßige Verben

Im Russischen gibt es eine Reihe unregelmäßiger Verben. Die beiden wichtigsten Gruppen sind:

1. Gruppe: Nur die 1. Person Einzahl („ich") Gegenwart ist unregelmäßig, alle anderen Formen werden regelmäßig gebeugt. Unregelmäßig ist jedoch nicht die Beugungsendung,

Die unregelmäßigen Verbformen sind in den Wörterlisten immer angegeben!

sondern nur der Stamm. In diese Gruppe gehören vor allem Verben auf -it*.

2. Gruppe: Alle Formen der Gegenwart sind unregelmäßig, weil sie einen anderen Stamm als die Grundform haben. Die Beugungsendungen sind immer regelmäßig!

Beachte: Die Vergangenheitsformen von iti „gehen" sind unregelmäßig und lauten scho/schla/schli (m/w/Mz).

	1. Gruppe	2. Gruppe
	chødit* *gehen*	jechat* *fahren*
ja	chøshu	jedu
ty	chodisch	jedjèsch
on, øna	chodit	jedjèt
my	chodim	jedjèm
wy	choditjè	jedjètjè
øni	chodjat	jedut

Satzstellung

Die Satzstellung im normalen Aussagesatz folgt in der Regel dem Schema: Subjekt (Satzgegenstand) – Prädikat (Satzaussage) – Objekt (Satzergänzung). Auch in Neben- und Fragesätzen ändert sich diese Reihenfolge nicht. Die Satzaussage kann nicht wie im Deutschen auseinandergerissen werden.

Subjekt	Prädikat	Objekt
Olga	**tschitajèt**	**shurnal.**
Olga	*(sie)liest*	*Zeitschrift*
Olga liest eine / die Zeitschrift.		

Subjekt	Prädikat	Objekt
Øna	**chotschèt tschitat***	**shurnal.**
sie	*(sie)möchte lesen*	*Zeitschrift*
Sie möchte eine / die Zeitschrift lesen.		

Am Satzanfang stehen meistens Zeitbestimmungen, am Satzende dagegen in der Regel die Ortsbestimmungen:

Zeitangabe	Aussagesatz	Ortsangabe
Sèwodnja	**Olga chotschèt tschitat* shurnal**	**doma.**
heute	*Olga (sie)möchte lesen Zeitschrift*	*zu-Hause*
Olga möchte heute die Zeitschrift zu Hause lesen.		
Heute möchte Olga die Zeitschrift zu Hause lesen.		
Zu Hause möchte Olga heute die Zeitschrift lesen.		

Im Deutschen kann man durch die Satzstellung betonen, im Russischen geschieht dies einfach durch die Betonung des betreffenden Wortes.

Auffordern & Befehlen

Die Befehlsform von vollendeten und unvollendeten Verben wird gebildet, indem man von der Verbform der 3. Person Mehrzahl (z. B. øni djelajut *sie machen*) die Endung abstreicht – das sind also entweder -jat*/-at* oder -jut*/-ut* – und durch die passende Endung für die Befehlsform ersetzt:

| Selbstlaut-Endung: | **-j** *Ez.* | **-jtjè** *Mz.; höflich!* |
| Mitlaut-Endung: | **-i** *Ez.* | **-itjè** *Mz.; höflich!* |

øni djelajut   sie machen
djelaj!   mach!
djelajtjè!   macht!/machen Sie!
øni gøwørjat   sie reden
gøwøri!   rede!
gøwøritjè!   redet!/reden Sie!

Die Befehlsform ist in der Wort-für-Wort-Übersetzung mit einem Ausrufezeichen in Klammern gekennzeichnet.

Dajtjè mnje, pøshalsta, knigu!
gebt(!) mir[3] bitte Buch[4]
Gebt / Geben Sie mir bitte das Buch!

Pømøgi/pømøgitjè mnje!
hilf(!,v) / helft(!,v) mir[3]
Hilf / helfen Sie mir!

Pødøshditjè minutku!
wartet(!,v) Minute[4]
Warten Sie einen Augenblick!

Pøvtøritjè, pøshalsta, äto slowo!
wiederholt(!) bitte dieses Wort
Wiederholen Sie bitte dieses Wort!

Idi sjuda!   Komm hierher!
Iditjè sjuda!   Kommen Sie hierher!
Vchødi!   Tritt ein!
Vchøditjè!   Treten Sie ein!

Eine Aufforderung beginnt mit diesen höflichen Einleitungen und **pøshalsta** *bitte*:

Prøsti/prøstitjè, pøshalsta, ...!	
Verzeih/Verzeihen Sie, bitte, ...!	
Izwini/izwinitjè ...!	
Entschuldige/Entschuldigen Sie ...!	
Skashi/skashititjè ...!	
Sag/Sagen Sie ...!	
Pøkashi/ pøkashitjè ...!	
Zeig/Zeigen Sie ...!	
Razrèschi/razrèschitjè ...!	
Gestatte/Gestatten Sie ...!	

Bindewörter

Die Bindewörter werden genauso wie im Deutschen angewandt:

i	und/auch
kak	wie
a/no	aber
ili; ili ... ili	oder; entweder ... oder
ni ... ni	weder ... noch
køgda	als (zeitl.)
jesli	falls/wenn
schto	dass
schtoby	um zu/dass
tøgda/pøtom	dann
pøtømu schto	weil
pø'ätomu	deshalb

On skazal, schto on pridjot sèwodnja.
er sagte(m) dass er kommt(v) heute
Er hat gesagt, dass er heute kommen wird.

Ili sèwodnja ili zavtra pridjot møja semja.
oder heute oder morgen (sie)kommt meine Familie
Meine Familie kommt entweder heute oder
morgen her.

Iditjè prjamo, pøtom naljewo!
geht(!) geradeaus dann links
Gehen Sie geradeaus, dann links!

Die sechs Fälle

Im Russischen werden, wie im Deutschen
auch, Haupt- und Eigenschaftswörter, Für-
wörter und Zahlen gebeugt. Hier soll nur die
Beugung der Hauptwörter und der per-
sönlichen Fürwörter erklärt werden.

Insgesamt gibt es sechs Fälle im Russischen.
Der Gebrauch des 1. bis 4. Falls ist dem Ge-
brauch im Deutschen sehr ähnlich.

Werfall	wer? was?	„der Freund"
Wesfall	wessen?	„des Freundes"
Wemfall	wem?	„dem Freund"
Wenfall	wen? was?	„den Freund"
	mit wem?	„mit dem Freund"
	wo? worüber?	„auf dem Tisch"

1. Fall = Nominativ
2. Fall = Genitiv
3. Fall = Dativ
4. Fall = Akkusativ
5. Fall = Instrumental
6. Fall = Präpositiv

Damit man erkennt, um welchen Fall es sich
handelt, ist in der Wort-für-Wort-Überset-
zung ist der Fall immer hinter dem gebeugten
Wort als hochgestellte Zahl ergänzt.

1. Fall (Nominativ)

Der 1. Fall ist das ungebeugte Wort. In dieser
Form stehen alle Wörter in den Wörterlisten.

2. Fall (Genitiv)

Mit dem 2. Fall drückt man Besitzverhältnisse
aus, z. B. „die Schwester der Mutter.

avtomaschina druga
Auto Freund[2]
Auto des Freundes

kniga pødrugi
Buch Freundin[2]
Buch der Freundin

tri kiløgrama
drei Kilo[2]
drei Kilo

pjat litrov benzina
fünf Liter(Mz)[2] Benzin[2]
fünf Liter Benzin

*Nach einigen Zahlen
und unbestimmten Men-
genangaben steht
das gezählte Hauptwort
im 2. Fall.*

Skolkø litrov?
wie-viel Liter(Mz)[2]
Wie viele Liter?

njèskolko druzjej
einige Freunde[2]
einige Freunde

mnogo turistov
viele Touristen[2]
viele Touristen

Øtkuda wy?
woher ihr
Woher sind Sie?

*Der 2. Fall antwortet
auf das „woher?".*

Ja iz Møskwy.
ich aus Moskau[2]
Ich bin aus Moskau.

Ja iz goroda Bilèfeld.
ich aus Stadt[2] Bielefeld
Ich bin aus Bielefeld.

ot Møskwy do Nowgoroda
von Moskau[2] bis Nowgorod[2]
von Moskau bis (nach) Nowgorod

u mènja
bei mir[2]
ich habe

*Der 2. Fall wird von
einigen Verhältniswörtern
verlangt.*

3. Fall (Dativ)

Der 3. Fall steht vor allem nach so wichtigen Verben wie „geben, helfen, sagen" usw.

Ja dal/dala drugu knigu.
ich gab(m/w) Freund³ Buch⁴
Ich habe dem Freund das Buch gegeben.

Ja pischu pødrugjè.
ich schreibe Freundin³
Ich schreibe der Freundin.

4. Fall (Akkusativ)

Der 4. Fall wird ähnlich wie im Deutschen gebraucht, z. B. bei „wen?" oder „was?".

Ja wishu druga.
ich sehe Freund⁴
Ich sehe den/einen Freund.

Ja pisal/pisala øtkrytku.
ich schrieb(m/w) Postkarte⁴
Ich schrieb eine Postkarte.

On tschitajèt knigu.   **On tschitajèt knigi.**
er liest Buch⁴   *er liest Bücher⁴*
Er liest ein/das Buch.   Er liest Bücher.

Der 4. Fall steht auch **Ja jedu w-Møskwu.**
in der Antwort auf die *ich fahre nach-Moskau⁴*
Frage „wohin?". Ich fahre nach Moskau.

5. Fall (Instrumental)

Der 5. Fall existiert im Deutschen nicht. Er kennzeichnet das Instrument, mit dem etwas geschieht; das kann ein Gegenstand oder aber auch eine Person sein. Der 5. Fall antwortet auf die Fragen „womit?", „mit wem?". Er steht nach bestimmten Verben, z. B. sanimatsa *sich beschäftigen mit*, oder nach bestimmten Verhältniswörtern.

Ja zanimajus muzykoj.
ich beschäftige-sich Musik[5]
Ich beschäftige mich mit Musik.

Ja gøwørju s-drugom.
ich spreche mit-Freund[5]
Ich spreche mit einem Freund.

6. Fall (Präpositiv)

Der 6. russische Fall ist im Deutschen ebenfalls nicht bekannt. Er antwortet auf die Fragen „wo?", „worüber?" und steht immer mit einem Verhältniswort (Präposition).

Ja shiwu w-Gèrmani'i.
ich wohne in-Deutschland[6]
Ich wohne in Deutschland.

Ja byl/byla v-schkoljè.
ich war(m/w) in-Schule[6]
Ich war in der Schule.

W-gorødj jest* kino.
in-Stadt es-gibt Kino⁶
In der Stadt gibt es ein Kino.

On raskazywajèt o kanikulach.
er erzählt über Ferien⁶
Er erzählt von den Ferien.

Beugung der Hauptwörter

Das Beugungssystem ist im Russischen ziemlich kompliziert, da es nicht nur in männlich, weiblich und sächlich eingeteilt wird, sondern auch zwischen belebten („Bruder") und unbelebten Hauptwörtern („Theater") unterschieden wird, und auch ob die Endung weich (-ja) oder hart (-a) ist. Bis auf eine Ausnahme sind nur die harten Formen dargestellt. Für die Übersichtlichkeit sind die Beugungsendungen hier mit einem Bindestrich abgetrennt dargestellt.

Beugung in der Einzahl

	männlich unbelebt	männlich belebt	weiblich	weiblich auf -*	sächlich
1.	téatr	brat	komnat-a	tètrad*	mjest-o
2.	téatr-a	brat-a	komnat-y	tètrad-i	mjest-a
3.	téatr-u	brat-u	komnat-jè	tètrad-i	mjest-u
4.	téatr	brat-a	komnat-u	tètrad*	mjest-o
5.	téatr-om	brat-om	komnat-oj	tètrad-ju	mjest-om
6.	téatr-jè	brat-jè	komnat-jè	tètrad-i	mjest-jè
	Theater	*Bruder*	*Zimmer*	*Heft*	*Ort*

Beachte: Der einzige Unterschied zwischen belebten und unbelebten männlichen Hauptwörtern besteht in der 4. Fall Einzahl: Ein belebtes männliches Hauptwort wird wie im 2. Fall gebeugt und ein unbelebtes männliches Hauptwort wird wie im 1. Fall gebeugt.

Beugung in der Mehrzahl

	männlich	weiblich	weiblich, auf -*	sächlich
1.	té<u>a</u>tr-y	k<u>o</u>mnat-y	tètr<u>a</u>d-i	mèst-<u>a</u>
2.	té<u>a</u>tr-ov	k<u>o</u>mnat	tètr<u>a</u>d-jèj	mjest
3.	té<u>a</u>tr-am	k<u>o</u>mnat-am	tètr<u>a</u>d-jam	mèst-<u>a</u>m
4.	(1. oder 2.!)	(1. oder 2.!)	(1. oder 2.!)	(1. oder 2.!)
5.	té<u>a</u>tr-ami	k<u>o</u>mnat-ami	tètr<u>a</u>d-jami	mèst-<u>a</u>mi
6.	té<u>a</u>tr-ach	k<u>o</u>mnat-ach	tètr<u>a</u>d-jam	mèst-<u>a</u>ch
	Theater, Mz.	*Zimmer, Mz.*	*Hefte*	*Orte*

Bezeichnet das Hauptwort ein Lebewesen, ist der 4. Fall mit dem 2. Fall identisch; ansonsten ist der 4. Fall mit dem 1. Fall identisch! (Die Beispiele sind unbelebte Hauptwörter; 4. und 1. Fall sind hier also identisch.)

Beachte: Die weiblichen Hauptwörter haben im 2. Fall Mehrzahl keine Endung!

Beugung der weichen Gruppe

Hauptwörter der weichen Gruppen enden oft auf der gleichen Endung wie ein entsprechendes Hauptwort (gleichen Geschlechts, gleicher Zahl) aus der harten Gruppe. Einziger Unterschied: die Endung wird weich!

„hart" wird zu „weich":

-a	wird zu	-ja	-ov	wird zu	-jèv
-u	wird zu	-ju	-o	wird zu	-jè
-om	wird zu	-jèm	-oj	wird zu	-jej
-ach	wird zu	-jach	-y	wird zu	-i
-ami	wird zu	-jami			

Ausnahme sind die gezeigten weiblichen (weichen) Hauptwörter auf -* in der Einzahl!

Nicht alle grammatischen Endungen der „weichen" Gruppen passen in dieses Schema. Wenn man die Beugung noch nicht beherrscht, ist es sinnvoller, ein Hauptwort überhaupt nicht zu beugen, anstatt eine falsche Endung zu verwenden.

Beugung der persönlichen Fürwörter

Einige gebeugte Fürwörter sind ihnen schon aus vorangehenden Kapiteln bekannt: 2. Fall: Kapitel „haben": u menj*a bei mir*, u tèbj*a bei dir* …; 3. Fall: Kapitel „Modalverben": mnje *mir*, tèbje *dir* …; 4. Fall: ist mit dem 2. Fall identisch. Neu hinzugelernt werden müssen also nur noch der 5. und 6. Fall!

1.	**ja** *ich*	**ty** *du*	**on** *er*, **ønо** *es*	**ønа** *sie*
2./4.	**mènjа**	**tèbjа**	**jèwо**	**jèjо**
3.	**mnje**	**tèbjе**	**jèmu**	**jej**
5.	**mnoj**	**tøboj**	**im**	**jeju**
6.	**mnje**	**tèbjе**	**njom**	**njej**
1.	**my** *wir*	**wy** *ihr*	**ønі** *sie*	*sich*
2./4.	**nas**	**was**	**ich**	**sèbjа**
3.	**nam**	**wam**	**im**	**sèbjе**
5.	**nаmi**	**wаmi**	**imi**	**søboj**
6.	**nas**	**was**	**nich**	**sèbjе**

Ja ljubljų tèbjạ.   **Äto mnje ọtschèn nrạwitsa.**
ich liebe dich[4]   *das mir[3] sehr (es)gefällt-sich*
Ich liebe dich.   Das gefällt mir sehr.

Die mit einem Selbstlaut beginnenden persön-
lichen Fürwörter erhalten ein n- am Wort-
anfang, wenn bei „Verhältniswort + Fürwort"
zwei Selbstlaute aufeinander treffen:

u nèwọ   **u nèjọ**   **mjẹshdu nịmi**
bei ihm[2]   *bei ihr[2]*   *unter ihnen[5]*
er hat   sie hat   unter ihnen

my s-tøboj   **my s-wạmi**
wir mit-dir[5]   *wir mit-euch[5]*
ich und du   wir und ihr/Sie

pro sèbjạ   **u sèbjạ**
für sich[2]   *bei sich[2]*
leise   bei sich zu Hause

Wenn sich das rückbezügliche Fürwort „sich"
direkt auf den Satzgegenstand (handelnde
Person) bezieht, also im Sinne von „sich
selbst", wird sèbjạ verwendet:

On kupịl mnje knịgu.
er kaufte(m) mir[3] Buch[4]
Er hat mir ein Buch gekauft.

Ja kupịl/kupịla sèbjẹ knịgu.
ich kaufte(m/w) mir-selbst Buch[4]
Ich habe mir selbst ein Buch gekauft.

Verneinung

Verben werden mit vorangestelltem nje *nicht/ kein* verneint. Oft steht njet *nein* zur Verstärkung am Beginn des verneinten Satzes:

Die Wortstellung im verneinten Satz verändert sich nicht.

Njet, ja nje ponimaju.
nein ich nicht verstehe
Nein, ich verstehe nicht.

Ja nje polutschil/polutschila pismo.
ich nicht erhielt(m/w) Brief
Ich habe den Brief nicht erhalten.

Da njet!   **Komnata mnje nje nrawitsa.**
ja nein   *Zimmer mir nicht (es)gefällt-sich*
Nicht doch!   Das Zimmer gefällt mir nicht.

Besondere Verneinungen

Bei diesen Verneinungen muss die Satzaussage zusätzlich mit nje *nicht* verneint werden:

nikto, nikowo	niemand
nischto, nitschewo	nichts
nikogda	niemals
nigdje	nirgendwo, nirgends
nikuda	nirgendwohin

Nitschèwo nje sdjelajèsch!
nichts nicht (du)wirst-machen(v)
Da kann man eben nichts machen!

Nitschèwo njet.
nichts nicht
Es gibt nichts.

Umgangssprachlich
nitschèwo! *heißt so viel*
wie „Macht nichts!".

Ja nikøwo nje widèl/widèla.
ich niemanden nicht sah(m/w)
Ich habe niemanden gesehen.

Nigdje ja nje mog/møgla kupit* piwo.
nirgends ich nicht konnte(m/w) kaufen(v) Bier[4]
Nirgends konnte ich Bier kaufen.

Verneinung von „sein" & „haben"

Sätze ohne Verben, also Sätze in der Gegen-
wart, in denen im Deutschen das Verb „sein"
steht und im Russischen überhaupt kein Verb
(sondern z. B. ein Eigenschaftswort), werden
mit njet verneint.

Sätze in der Gegenwart, in denen im Deut-
schen das Verb „haben" steht, werden eben-
falls mit njet verneint. Ein Hauptwort als Sat-
zergänzung (Objekt) wird dann allerdings im
2. Fall gebeugt.

Zur Erinnerung:
„haben" wird im
Russischen durch die
Konstruktion
„bei mir, bei dir" usw.
beschrieben, würde also
bei wortgetreuer
Übersetzung ins
Deutsche ebenfalls das
Verb „sein" verlangen.

Nigdje njet chljeba.   **U mènja njet wremèni.**
nirgendwo nicht Brot[2]   *bei mir[2] nicht Zeit[2]*
Nirgends gibt es Brot.   Ich habe keine Zeit.

In der Vergangenheit und Zukunft werden
„sein" und „haben" – wie alle Verben – mit
vorangestelltem nje verneint. Ein Hauptwort
als Satzergänzung steht im 2. Fall.

Nigdje nje-bylo chljeba.
nirgendwo nicht-war Brot[2]
Nirgends gab es Brot.

U mènja nje budjèt wremèni.
bei mir2 nicht (es)wird Zeit[2]
Ich werde keine Zeit haben.

Verhältniswörter

Wie im Deutschen ziehen auch im Russischen Verhältniswörter bestimmte Fälle nach sich; das nachfolgende Hauptwort, Eigenschaftswort usw. muss gebeugt werden.

mit dem 2. Fall stehen:

bjez	ohne	**ot**	von ... weg
dlja	für	**poslje**	nach (Zeit)
do	bis (Zeit)	**protiv**	gegenüber
iz	aus (Grund)	**s**	von ... an
kromje	außer	**u**	bei (Ort)
okolo	um (Zeit)	**wmjesto**	anstatt

iz ljubwi
aus Liebe[2]
aus Liebe

ot goroda
von-weg Stadt[2]
von der Stadt weg

poslje øbjeda
nach Mittagessen[2]
nachmittags

s-utra
von-an-morgens[2]
von morgens an

do øtchoda pojèzda
bis Abfahrt[2] Zuges[2]
bis zur Abfahrt des Zuges

u røditèljèj
bei Eltern[2]
bei den Eltern

mit dem 3. Fall stehen:

blagodarja	dank
po	durch, auf, über, entlang
k	zu, nach (Richtung)

My guljali pø ulitsam.
wir spazierten(Mz) durch Straßen[3]
Wir spazierten durch die Straßen.

Ja idu k-drugu.
ich gehe zu-Freund[3]
Ich gehe zu dem/einem Freund.

mit dem 4. Fall stehen:

w/v	in/nach (Ort); am (Zeit)
tschjerèz	innerhalb von / in (Zeit); über/durch (Ort)
na	in/auf (Ort); in (Zeit)
po	bis ... einschließlich

tschjerèz ulitsu
über Straße[4]
über die Straße

tschjerèz dwa tschasa
innerhalb zwei Stunden[2]
innerhalb von zwei Stunden

Ja jedu w-Møskwu.
ich fahre nach-Moskau[4]
Ich fahre nach Moskau.

v-srjedu
am-Mittwoch[4]
am Mittwoch

Ja kladu knigu na stol.
ich lege Buch⁴ auf Tisch⁴
Ich lege das Buch auf den Tisch.

po ijul*
bis Juli⁴
bis einschließlich Juli

mit dem 5. Fall stehen:

pjerèd	vor (Ort)	**mjeshdu**	zwischen
nad	über (Ort)	**s**	mit

pjerèd domom
vor Haus⁵
vor dem Haus

Lampa wisit nad stolom.
Lampe hängt über Tisch⁵
Die Lampe hängt über dem Tisch.

mjeshdu narodami
zwischen Völkern⁵
zwischen den Völkern

s-podrugoj/drugom
mit-Freundin⁵/Freund⁵
mit der/einer Freundin / dem/einem Freund

mit dem 6. Fall stehen:

pri	bei	**o**	über
w/v	in, nach (Ort)	**na**	auf, an (Ort)

Pri domjè nachoditsa sad.
bei Haus[6] (er)befindet-sich Garten
Am Haus befindet sich ein Garten.

On shiwjot w-Møskwje.
er wohnt in-Moskau[6]
Er wohnt in Moskau.

Pètrøgrad lèshit na Nèwje.
Petersburg liegt an Newa[6]
Petersburg liegt an der Newa.

Ja utschus w-uniwèrsitjetjè.
ich studiere an-Universität[6]
Ich studiere an der Universität.

An viele Verhältniswörter wird -o angehängt,
wenn das nachfolgende Wort mit zwei oder
mehreren Mitlauten anfängt:

wo vsjech stranach mira
in allen Ländern[6] Welt[2]
in allen Ländern der Welt

Fragen

Eine Entscheidungsfrage kann nur mit da *ja*
oder njet *nein* beantwortet werden. Sie wird oh-
ne Fragewörter gebildet. Die Wortstellung ist
meist wie im Aussagesatz. Im Russischen er-
kennt man solche Fragen leicht am Tonfall.

On byl v-tèatrjè?
er war(m) in-Theater⁶
War er im Theater?

Da, on byl v-tèatrjè.
ja er war(m) in-Theater⁶
Ja, er war im Theater.

Das Wort oder Satzglied, auf dem die Betonung liegt, kann auch am Satzanfang stehen:

Byli wy u nèwo?
wart(Mz) ihr bei ihm²
Waren Sie bei ihm?

Da, ja byl/byla u nèwo.
ja ich war(m/w) bei ihm²
Ja, ich war bei ihm.

Ujechal pojèzd?
abfuhr(v) Zug
Ist der Zug weg?

Da, pjoèzd ujechal.
ja Zug abfuhr(v)
Ja, der Zug ist weg.

Bei Entscheidungsfragen wird oft die Fragepartikel -li an die Satzaussage (Prädikat) angehängt, die mit „ob" übersetzt werden kann.

U was jest* film?
bei euch² es-gibt Film
Haben Sie einen Film?

Njet, u mènja njet filma.
nein bei mir² nicht Film²
Nein, ich habe keinen Film.

Kuritjè-li wy?
rauchen-ob ihr
Rauchen Sie?

Ergänzungsfragen

køgda; s-kakich por	wann; seit wann
kakoj; køtoryj	welcher; was für ein
u køwo	bei wem (= wer hat?)
potschèmu	warum
skolkø	wie viel
gdje; øtkuda	wo; woher
kuda; kak	wohin; wie
skolkø raz	wie oft

Das Hauptwort, das auf skolkø folgt, wird im 2. Fall gebeugt!

Folgende zwei Fragewörter werden wie Eigenschaftswörter gebeugt:

kak<u>oj</u> *m*, **kak<u>aja</u>** *w*, **kak<u>oje</u>** *s*, **kak<u>ije</u>** *Mz*
welcher
køt<u>oryj</u> *m*, **køt<u>oraja</u>** *w*, **køt<u>orojè</u>** *s*, **køt<u>oryjè</u>** *Mz*
was für ein

kak<u>oj</u> tschèløwj<u>e</u>k? **kak<u>aja</u> sh<u>e</u>nschtschina?**

welcher Mann?   welche Frau?

1. **kto**	wer	**schto**	was
2. **køw<u>o</u>**	wessen	**tschèw<u>o</u>**	wovon
3. **køm<u>u</u>**	wem	**tschèm<u>u</u>**	womit
4. **køw<u>o</u>**	wen	**schto**	was
5. **kjem**	mit wem	**tschjem**	womit
6. **ø-k<u>om</u>**	über wen	**ø-tschj<u>om</u>**	worüber

Kud<u>a</u> wèdj<u>o</u>t <u>ä</u>ta dør<u>o</u>ga?

wohin (er)führt dieser Weg

Wohin führt dieser Weg?

Gdje nach<u>o</u>ditsa søb<u>o</u>r?

wo (sie)befindet-sich Kathedrale

Wo befindet sich die Kathedrale?

Kak projt<u>i</u> na p<u>o</u>tschtu?

wie (man)hingeht(v) auf Post[4]

Wie komme ich zur Post?

U køw<u>o</u> jest* dwa l<u>i</u>schnich bilj<u>e</u>ta?

bei wem[2] es-gibt zwei freie Karten[2]

Wer hat zwei Karten übrig?

Køgda natschinajètsa predstavljenjè?
wann (sie)beginnt-sich Vorstellung
Wann beginnt die Vorstellung?

Køgda wy idjotjè dømoj?
wann ihr geht nach-Hause
Wann gehen Sie nach Hause?

Kuda wy jedètjè?
wohin ihr fahrt
Wohin fahren Sie?

Schto tèbje nrawitsa?
was dir (es)gefällt-sich
Was gefällt dir?

Kak was zawut?
wie euch (man)nennt
Wie heißen Sie?

Kto äto?
wer dieses
Wer ist das?

Schto äto?
was dieses
Was ist das?

Kto tam?
wer dort
Wer ist dort?

Schto tam?
was dort
Was ist dort?

Schto slutschilos?
was geschehens
Was ist los?

Trifft man alte Bekannte oder Freunde:

Køwo ja wishu!
wen ich sehe
Wen sehe ich denn da!

In der Umgangssprache wird häufig tschèwo anstelle von schto in der Bedeutung „Was?", „Wie bitte?", „Was gibt"s?" gebraucht.

Zahlen & Zählen

Die Zahlwörter 1 und 2 (ebenso 21, 22, 31, 32 usw.) richten sich wie Eigenschaftswörter nach dem Geschlecht des dazugehörigen Hauptwortes. Alle anderen Zahlen sind im Geschlecht unveränderlich. Die Zahlen von 10 bis 19 endet immer auf -natsat*.

0	nol	10	desjat*
1	ødin *m*, ødna *w*, ødno *s*	11	ødinatsat*
2	dwa *m+s*, dwe *w*	12	dwènatsat*
3	tri	13	trinatsat*
4	tschètyrè	14	tschètyrnatsat*
5	pjat*	15	pjatnatsat*
6	schest*	16	schestnatsat*
7	sjem	17	sèmnatsat*
8	wosèm	18	wosèmnatsat*
9	djewjat*	19	dèwjatnatsat*

Die Weichheitszeichen sind nur hörbar, wenn die Zahl für sich allein gesprochen wird oder als letztes Wort am Satzende steht. Im Satz oder innerhalb einer zusammengesetzten Zahl kann man sie nicht mehr hören.

10	desjat*	
20	dwatsat*	
30	tritsat*	
40	sorok	
50	pjadèsjat	
60	schèsdèsjat	
70	sjemdèsjat	
80	wosèmdèsjat	
90	dèwjanosto	

100	sto
200	dwesti
300	trista
400	tschètyrèsta
500	pjatsot
1.000	tysjatscha
10.000	djesjat tysjatsch
100.000	sto tysjatsch
1.000.000	ødin million

Zahlen setzt man so zusammen: „Tausender, Hunderter, Zehner, Einer".

zwanzig eins	21	**dwatsat ødin**
zwanzig zwei	22	**dwatsat dwa**
hundert zwanzig eins	121	**sto dwatsat ødin**
	2333	**dwje tysjatschi trista tritsat tri**
		zwei tausend² dreihundert dreißig drei

Zählen

Beim Zählen steht raz   **Raz, dwa, tri!**   **ødin rubl***
„(ein)mal" *oft anstelle*   *mal, zwei , drei*   *ein(m) Rubel*
von ødin „*eins*"   Eins, zwei, drei!   ein Rubel

Das zu zählende   **ødna avtomaschina**   **ødno økno**
Hauptwort muss je   *eine(w) Auto*   *ein(s) Fenster*
nach Zahlwort in   ein Auto   ein Fenster
einem bestimmten Fall
gebeugt werden: Das   **dwa rublja**   **dwje avtomaschiny**
Zahlwort 1 (21, 31,   *zwei(m) Rubel(Ez)²*   *zwei(w) Auto(Ez)²*
41 ...) verlangt den   zwei Rubel   zwei Autos
1. Fall Einzahl, die
Zahlworte 2, 3, 4 (22–   **dwa økna**   **sèmnatsat rubljej**
24, 32–34 ...)   *zwei(s) Fenster(Ez)²*   *siebzehn Rubel(Mz)²*
verlangen den 2. Fall   zwei Fenster   17 Rubel
Einzahl, die Zahlworte
5–20 (25–30,   **schest avtomaschin**
35–40 ...) verlangen   *sechs Autos(Mz)²*
den 2. Fall Mehrzahl.   sechs Autos

Altersangabe

Skolkø tèbje/wam ljet?
wie-viel dir³ / euer³ Sommer(Mz)²
Wie alt bist du / sind Sie?

Mnje dw<u>a</u>tsat ødi̱n god.
mir³ zwanzig ein(m) Jahr
Ich bin 21 Jahre alt.

Mnje tri̱tsat dwa gød<u>a</u>.
mir³ dreißig zwei Jahr(Ez)²
Ich bin 32 Jahre alt.

Jèmu̱ pjatdèsja̱t ljet.
ihm³ fünfzig Sommer(Mz)²
Er ist 50 Jahre alt.

Bei der Angabe des Alters verwendet man für die Zahl(en) 1 (21, 31 usw.) god „Jahr", für 2, 3, 4 (22–24, 32–34, ...) goda „des Jahres", für 5–20 (25–30, ...) ljet (wörtl.: „der Sommer" = 2. Fall Mz).

Ordnungszahlen

Jede hat eine männliche, weibliche, sächliche und eine Mehrzahl-Form und richtet sich in Zahl und Geschlecht nach dem Hauptwort.

1.	**pjerwyj**	6.	**schèstoj**
2.	**vtøroj**	7.	**sèdmoj**
3.	**trjetij**	8.	**wøsmoj**
4.	**tschètwjortyj**	9.	**dèwjatyj**
5.	**pjatyj**	10.	**dèsjatyj**
11.	**ødi̱natsatyj**	12.	**dwèna̱tsatyj**
20.	**dwa̱tsatyj**	70.	**sèmidèsja̱tyj**
30.	**tritsa̱tyj**	80.	**wøsmidèsja̱tyj**
40.	**sørøkøwoj**	90.	**dèwjanostyj**
50.	**pjatidèsja̱tyj**	100.	**so̱tyj**
60.	**schestidèsja̱tyj**		

Für 11–19 ersetzt man -natsat* durch -natsatyj.

Für die zweistelligen Ordnungszahlen stellt man dem Zehner (als Grundzahl) den Einer (als Ordnungszahl) nach.

dw<u>a</u>tsat pjerwyj
zwanzig erster
einundzwanzigster

tri̱tsat vtøroj
dreißig zweiter
zweiunddreißigster

Zeit & Datum

Erst einmal die ganz einfach allgemeinen Zeitangaben auf einen Blick:

vtschèra; sèwodnja	gestern; heute
zavtra; poslèzavtra	morgen; übermorgen
utro; djen* *m*	der Morgen; der Tag
wetschèr; notsch* *w*	der Abend; die Nacht
utrom; v-poldjèn	morgens; mittags
posljè øbjeda	nachmittags
wetschèrom	abends
notschju; dnjom	nachts; tagsüber
jèshednjewno	täglich
sèwodnja utrom	heute morgen
vtschèra wetschèrom	gestern abend
zavtra utrom	morgen früh
zavtra wetschèrom	morgen abend
rano; pozno	früh (zeitig); spät
ransche; poshshe	früher; später
tèpjer; nikøgda	jetzt; nie
inøgda; tschasto	manchmal; oft
skoro; nèdawno	bald; vor kurzem
tømu nazad; posljè	vor; nach

tri dnja tømu nazad   tri dnja
drei Tag² jenes rückwärts   *drei Tag²*
vor drei Tagen   drei Tage lang

tschjerèz djen* / nèdjelju / god
in Tag⁴ / Woche⁴ / Jahr⁴
in einem Tag / einer Woche / einem Jahr

Uhrzeit

tschas	minuta	sèkunda
Stunde	Minute	Sekunde

pø-møskovskomu wrеmèni
(nach) Moskauer Zeit

Køtoryj tschas? **nol tschasov**
welche Stunde *null Stunden(Mz)^2*
Wie spät ist es? 0 (= 24) Uhr

(ødin) tschas **dwa/tri/tschètyrè tschasa**
eins(m) Stunde *zwei/drei/vier Stunde(Ez)^2*
1 Uhr 2/3/4 Uhr

pjat / ... / dwatsat tschasov
fünf / ... / zwanzig Stunden(Mz)^2
5 / ... / 20 Uhr

dwatsat ødin tschas
zwanzig eins(m) Stunde
21 Uhr

dwatsat dwa/tri/tschètyrè tschasa
zwanzig zwei/drei/vier Stunde(Ez)^2
22/23/24 Uhr

Beantwortet man die Frage nach der Uhrzeit, muss man wie beim Zählen beachten, dass je nach Zahlwort tschas *„Stunde/Uhr" gebeugt wird:*

Die Zeitangaben „Viertel nach, Viertel vor, halb, zehn vor" usw. sind sehr kompliziert zu bilden. Deshalb behilft man sich am besten mit exakten Minutenangaben. Hierbei muss man beachten, dass bei der Minutenangabe

Von den 24 Zeitzonen, in die die Erde eingeteilt ist, entfallen allein 11 Zeitzonen auf das riesige Russland. Das heißt, wenn man in Petersburg einen abendlichen Bummel macht, beginnt im östlichsten Teil des Landes schon der nächste Morgen (die Stadt Anadyr liegt auf dem gleichen Breitengrad wie Neuseeland und die Fidschii-Inseln). Die Zeitverschiebung zwischen der Moskauer und der Mitteleuropäischen Zeit beträgt zwei Stunden (18.00 in Deutschland = 20.00 in Moskau).

auch minuta *Minute* je nach Zahlwort gebeugt wird: minuty (2. Fall Einzahl), minut (2. Fall, Mehrzahl). Allerdings kann, wie im Deutschen, „Minuten" auch ganz entfallen.

(v) tschas
(um) Stunde
(um) 1 Uhr

(v) tri tschasa pjatnatsat minut
(um) drei Stunde(Ez)² fünfzehn Minuten(Mz)²
(um) 3.15 Uhr

(v) djèsjat tschasov sorok pjat* minut
(um) zehn Stunden(Mz)² vierzig fünf Minuten(Mz)²
(um) 10.45 Uhr

(v) dwatsat dwa tschasa dwje minuty
(um) zwanzig zwei Uhr(Ez)² zwei Minute(Ez)²
(um) 22.02 Uhr

Jahreszeiten

wèsna	Frühling	**osèn***	Herbst
ljeto	Sommer	**zima**	Winter

Feiertage

praznik	Feiertag
troitsa	Pfingsten
pas'cha	Ostern
roshdèstwo	Weihnachten
sèmjejnyj praznik	Familienfeier

pjerwojè janwarja 1. Januar
nowyj god Neujahrsfest
sèdmojè janwarja 7. Januar, Weihnachtsfest
der russisch-orthodoxen Kirche
wøsmojè marta 8. März, Frauentag
pjerwojè i vtørojè maja
1./2. Mai, Tag der Arbeit
dèwjatojè maja 9. Mai, Tag des Sieges im
Zweiten Weltkrieg
dwènatsatojè ijunja 12. Juni,
Unabhängigkeitserklärung Russlands (1991)
sèdmojè i wøsmojè nojabrja 7./8. November,
Fest der Oktoberrevolution

Das Neujahrsfest ist eine Mischung aus Weihnachten und Sylvester, das Moskau für eine Nacht in ein weltstädtisches Flair taucht.

Wochentage

ponèdjelnik	**vtornik**	**srèda**
Montag	Dienstag	Mittwoch
tschètwjerg	**pjatnitsa**	**subota**
Donnerstag	Freitag	Sonnabend
woskrèsenjè		
Sonntag		

Monate

janwar*	Januar	**i'jul***	Juli
fèwral*	Februar	**awgust**	August
mart	März	**sèntjabr***	September
aprjel*	April	**øktjabr***	Oktober
maj	Mai	**nøjabr***	November
ijun*	Juni	**dèkabr***	Dezember

Alle Monatsnamen sind männlich.

Datum

Kakojè sèwodnja tschislo?
welches heute Datum
Welches Datum ist heute?

In der Antwort steht die sächliche Ordnungs-
zahl. Der Monat wird im 2. Fall Einzahl ge-
beugt. Wenn der Monatsname auf -t endet,
hängt man -a für den 2. Fall an, in allen an-
deren Fällen -ja.

Sèwodnja dèwjatojè aprjelja.	**vtørojè marta**
heute neuntes(s) Aprils²	*zweites(s) März²*
Heute ist der zweite April.	zweiter März

Maßeinheiten & Mengenangaben

Auch die Maßeinheiten und Mengenanga-
ben werden gebeugt. Der Fall richtet sich nach
der Zahl, die vor der Maßeinheit steht. Die da-
nach bezeichnete Ware steht im 2. Fall.

ødin litr wødy	**tri litra wødy**
ein Liter Wassers(Ez)²	*drei Liter(Ez)² Wassers(Ez)²*
ein Liter Wasser	drei Liter Wasser

mnogo	viel(e)	**nèmnogo**	einige
malo	wenig(e)	**nèmalo**	einige
skolkø	wie viel(e)	**njèskolko**	einige

Hauptwörter, die auf unbestimmte Mengen-
angaben folgen, stehen im 2. Fall Mehrzahl:

njèskolko druzjej   **mnogo knig**
einige Freunde(Mz)²   *viele Bücher(Mz)²*
einige Freunde   viele Bücher

sto gram	100 Gramm	*hundert Gramm(Mz)²*
ødin kiløgram	1 Kilogramm	*ein Kilogramm*
polkilo	1/2 Kilo	*halb-Kilo*
ødin litr	1 Liter	*ein Liter*
dwa litra	2 Liter	*zwei Liter(Ez)²*
pol'litra	1/2 Liter	*halb-Liter(Ez)²*
ødin metr	1 Meter	*ein Meter*
sto metrov	100 Meter	*hundert Meter(Mz)²*
ødin kilømetr	1 Kilometer	*ein Kilometer*
dèsjat kilømetrov	10 Kilometer	*zehn Kilometer(Mz)²*

ødna schtuka	1 Stück
ødna banka	1 Dose / Einmachglas
ødna para	1 Paar
ødna køropka	1 Schachtel
ødin kuljok	1 Tüte
pøløwina	die Hälfte

filtv@fotolia.com

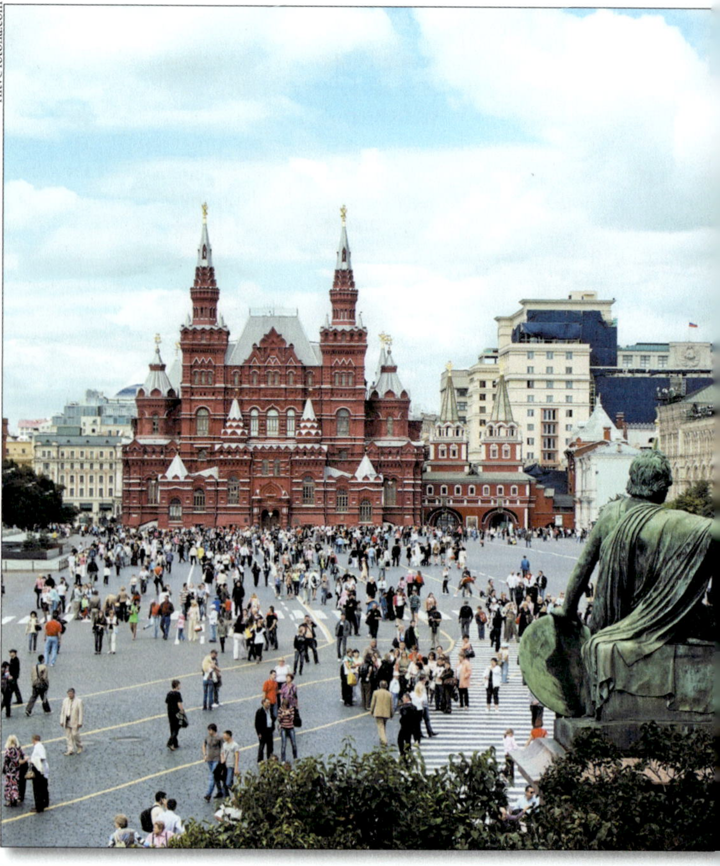

Roter Platz in Moskau

Kurz-Knigge

Wenn man versuchen wollte, die treffendsten Worte für die vielen Menschen dieses gewaltigen Landes zu finden, so sind Worte wie „bescheiden, geduldig und gastfreundlich" sicherlich passend. Man spürt ziemlich stark, was im Wohlstand oft schon vermisst wird: Warmherzigkeit und Seele.

Den Verlockungen des westlichen Reichtums kann aber auch hier nicht jeder widerstehen. So muss man sich in den Touristenzentren nicht über die „geschäftstüchtige" Sorte Mensch wundern.

Statt sich darüber zu ärgern, sollte man ruhig einmal seine eigenen Wege gehen – zu Fuß durch die Innenstadt oder durch den Park, mit öffentlichen Verkehrsmitteln entlang der Hauptstraßen. Oder man schaut sich einen orthodoxen Gottesdienst an.

Frauen und auch jüngere Mädchen müssen im Sommer darauf achten, dass sie in einer Kirche nicht zu leicht bekleidet sind!

Vor Kirchen und andernorts begegnet man Bettlern. Sie sind die Ärmsten der Armen: alte Leute und Behinderte. Der Staat hat sie vergessen, ihre Mitmenschen aber sind erstaunlich hilfsbereit. Wenn auch Betteln keine Lösung ist, so sollte man nicht vorbeisehen. Denn was für uns Pfennigbeträge sind, bedeutet für diese Menschen in Not schon eine beachtliche Summe.

Handzeichen

Ist man aus irgendeinem Grunde darauf angewiesen zu trampen (um z. B. bei defektem Auto zur nächsten Werkstatt zu gelangen), so sollte man wegen der geringen Verkehrsdichte auf vielen Landstraßen zuerst einmal auf ein vorbeikommendes Fahrzeug hoffen und zum zweiten Folgendes beachten:

Wenn man „auf russisch" trampen will, so hält man Hand und Arm langgestreckt schräg nach unten. Auch Taxen halten auf dieses Zeichen!

Übrigens: Hält man den Daumen der einen Hand nach oben und ballt die Finger zur Faust, während man mit der anderen Hand darüber eine Fingerbewegung macht, als ob man Salz streut, so bedeutet das größtes Lob: „Super! Super gut!"

Schnipsen mit Daumen und Zeigefinger gegen den Hals bedeutet so viel wie: „Lass uns was trinken gehen!"

Wird man im Laden von einem anderen Kunden immer wieder angesehen, der eine Hand angewinkelt im Jackett hält (so wie Napoleon), so sucht er jemanden, der sich eine Flasche Wodka mit ihm teilt. Schauen dabei zwei Finger aus der Vorderseite des Jacketts, bedeutet dies: „Wollen wir uns eine Flasche zu zweit teilen?", schauen drei Finger heraus „Wollen wir uns eine Flasche zu dritt teilen?" – Wodka ist teuer, und alleine trinken ist langweilig.

Wenn man den Daumen nach oben hält und die Finger zur Faust ballt, so wie das im Westen beim Trampen üblich ist, dann bedeutet das „Gut!, Prima!, Erstklassig!". Stellt man sich so an die Straße, werden sich die Autofahrer fragen, warum man ihnen „Gute Fahrt!" wünscht.

Namen & Anrede

Russische Personennamen bestehen aus Vornamen, Vatersnamen und Familiennamen. Der Vatersname wird für alle Kinder vom Vornamen des Vaters gebildet. Je nach Geschlecht der Person wird entweder eine weibliche oder männliche Endung an den Vatersnamen gehängt, ebenso an den Familiennamen (der weitervererbt wird).

имя	отчество	фамилия
imja	**otschestwo**	**familija**
(Vorname)	(Vatersname)	(Familienname)
Viktor	**Iwanowitsch**	**Andropov**
Tamara	**Iwanowna**	**Andropowa**

Lernt man Leute näher kennen, so wird man über die Vielfalt ihrer Vornamen verblüfft sein, mit denen sie von Freunden angesprochen werden. Es handelt sich dabei aber einfach nur um Varianten ein- und desselben Vornamens. Die Vorliebe für Kosenamen ist eine russische „Spezialität", mit der sowohl Kinder als auch Erwachsene bedacht werden:

Alèksandr = Sascha/Schura
Wladimir = Wølodja/Wowa
Ljudmila = Ljuda/Ljusja/Mila

Die höfliche Anredeform für eine oder mehrere Personen lautet im Russischen wy *ihr/Sie*.

Gdje wy shiwjotjè?
wo ihr wohnt
Wo wohnt ihr? Wo wohnen Sie?

Im Zweifelsfalle sollte man immer die höfliche Form der Anrede wählen, um nicht als arrogant missverstanden zu werden.

Moshèt byt* my pèrèdjom na ty.
(es)kann sein wir (wir)übergehen(v) auf du
Wollen wir uns nicht duzen?

Eine allgemein gültige Anrede mit „Frau" oder „Herr" gibt es im Russischen nicht. Eine auf Behörden, Ämtern oder beim Arzt übliche (sehr förmliche) Anrede für Einheimische (auf die der Familienname folgt) ist:

Die zu Zeiten des Kommunismus übliche Anrede mit dem allseits bekannten Wort towarischtsch „Genosse, Genossin" wird fast nur noch in ironischer Bedeutung verwendet und sollte deshalb vermieden werden.

grashdanin ...	Bürger ...
grashdanka ...	Bürgerin ...
grashdanin Iwanov	Bürger Iwanov

Diese sehr förmliche Anrede für Reisende aus dem westlichen Ausland kann man auch verwenden, um Einheimische anzusprechen:

gøspødin ...	Herr ...
gøspøsha ...	Frau/Fräulein ...
gøspøsha „Becker"	Frau/Fräulein Becker

Im Dienstleistungsbereich gibt es besondere Anredemöglichkeiten: Junge Frauen können mit „Fräulein" angesprochen werden, Männer mit ihrer Berufsbezeichnung:

Djewuschka!	Fräulein! (= junges Mädchen)
Øfitsjant!	Herr Ober!

Floskeln & Redewendungen

In Alltagssituationen (z. B. im Betrieb, vor der Haustür ...) sprechen sich Russen untereinander mit Vornamen und Vatersnamen an – ohne zusätzliche Bezeichnung wie „Herr" oder „Frau". Dabei wird die Höflichkeitsform beibehalten: Zdrastwujtjè, Tamara Iwanowna! (seien Sie gegrüßt, Tamara Iwanowna).

Floskeln & Redewendungen

Freundlichkeit wird auch in Russland groß geschrieben, wie man richtig „guten Tag" sagt und sich verabschiedet:

begrüßen & verabschieden	
Dobrojè utro!	Guten Morgen!
Dobryj djen*!	Guten Tag!
Dobryj wetscher!	Guten Abend!
Zdrastwuj!	Sei gegrüßt!
Zdrastwujtjè!	Seien Sie / Seid gegrüßt!

Junge Leute oder Freunde begrüßen sich mit:

Priwjet!   **Kak dèla?**
Gruß   *wie Angelegenheiten*
Hallo!   Wie geht's?

Ja rad/rada, widèt* was/tèbja!
ich froh(m/w) sehen euch/dich
Schön, euch (Sie) / dich wiederzusehen!

Flosklen & Redewendungen

Døbro pøshalowat*!   **Kak (wy) pøshiwajètjè?**
gut(Umst.) kommen   *wie (ihr) (ihr)geht*
Willkommen!   Wie geht's euch/Ihnen?

Spasibø, chørøscho!	Danke gut.
K-soshaleniju plocho.	Leider schlecht.
Schto slutschilos?	Was ist los?
Do swidanija!	Auf Wiedersehen!
Dø zavtra!	Bis morgen!
Do skorowo!	Auf bald!
Pøka!	Tschüss!
Vsèwo chøroschèwo!	Alles Gute!
Døbroj notschi!	Gute Nacht!

wörtl.: was passierte-sich(s)

Uwidèmsa my jèschtscho?
(wir)werden-sehen-sich(v) wir noch
Sehen wir uns wieder?

Pèrèdajtjè priwjet swøjej shènje/swojèmu mushu!
bestellt(!) Grüße eure³ Frau³/euren³ Mann³
Grüßen Sie Ihre Frau / Ihren Mann!

Mnje pøra!   **Ja dolshen/dølshna iti.**
mir³ Zeitpunkt   *ich muss(m/w) gehen*
Es wird Zeit!   Ich muss jetzt los.

Mnje chotschètsa dat* wam/tèbje moj adrès.
mir³ (es)gern-möchte-sich geben euch/dir meine Adresse
Ich möchte Ihnen/dir gern meine Adresse geben.

🔊 **Ja wèrnus snowa.**
ich werde-zurückkommen(v) wieder
Ich werde wiederkommen.

🔊 **My øbjazatèlno pridjom jèschtscho-raz.**
wir bestimmt (wir)kommen noch-Mal
Wir kommen bestimmt wieder!

🔊 **Schatstliwowo puti!**   **Pischitjè pøshalsta!**
glücklichen Weges[2]   *schreibt(!) bitte*
Gute Reise!   Schreiben Sie mal!

Die Folgenden bedeuten alle „Ich finde dich sehr nett!“:

Ty milyj tschèløwjek / milaja shenschtschina!
du lieber Mann / liebe Frau
Ty otschèn* simpatitschnyj tschèløwjek!
du sehr sympatischer Mann
Ty otschèn* simpatitschnaja shenschtschina!
du sehr sympatische Frau

bitten

Eine Bitte kann mit „Gestatten Sie …?“, „Erlauben Sie …?“ usw. eingeleitet werden, was im Deutschen etwas steif klingt, im Russischen aber geläufig ist. Gleichzeitig tritt es an die Stelle der Anrede mit „Frau/Herr“.

🔊 **U mènja bølschaja prosba!**
bei mir[2] große Bitte
Ich habe eine große Bitte!

Dajtjè mnje, pøshalsta …
gebt(!) mir[3] bitte …
Geben Sie mir bitte …

Можете вы мне / нам помочь?
Moshetjè wy mnje / nam pømotsch?
könnt(!) ihr mir[3] / uns[3] helfen(v)
Können Sie mir / uns helfen?

Um Erlaubnis bitten is am einfachsten mit
dem Ausdruck Moshno …? (Darf man …?).

Razrèschitjè …?   **Møgu-li ja …?**
gestattet(!) …   *(ich)darf-ob ich …*
Gestatten Sie …?   Darf / kann ich …?

Moshno kurit*?   **Razrèschitjè wøjti?**
man-darf rauchen   *gestattet(!) hereinkommen*
Darf ich rauchen?   Darf ich hereinkommen?

Moshno fotografirowat*?
man-darf fotografieren
Darf ich fotografieren?

danken

Bølschojè spasibø!   **Sèrdjetschnøjè spasibø!**
großer Dank   *herzlicher Dank*
Vielen Dank!   Herzlichen Dank!

Spasibø!   **Spasibø, wam toshe!**
danke   *danke euch[3] auch*
Danke!   Danke, gleichfalls!

🗩 **Wy o̲tschèn dǿbry̲!**
ihr sehr gute(Mz)
Sie sind sehr nett!

🗩 **Ja blagodarju̲ was ot vsèwo̲ sje̲rtsa!**
ich danke euch von ganz Herz²
Ich danke Ihnen sehr/von ganzem Herzen!

🗩 **(Pǿsha̲lsta) nje̲-za-schto!**
(bitte) nicht-für-das
Keine Ursache!, Gern geschehen!

wünschen

🗩 **(Ja) pozdrawlja̲ju̲ s-dnjom rǿshdje̲nija!**
(ich) gratuliere mit-Tag⁵ Geburtstages²
Ich gratuliere zum Geburtstag!

🗩 **(Ja) shela̲ju̲ wam / tèbje̲ ...!**
(ich) wünsche euch³ / dir³ ...
Ich wünsche Ihnen / dir ...!

... stschastja!	*Glück²*	... Glück!
... zdǿrowja!	*Gesundheit²*	... Gesundheit!
... uspjechov!	*Erfolge²*	... Erfolg!

🗩 **Vsèwo̲ chǿroschèwo!**   **Shela̲ju̲ uda̲tschi!**
alles gutes²   *(ich)wünsche Glück²*
Alles Gute!   Viel Glück!

🗩 **Mno̲go stscha̲stja!**   **Stschastli̲wowo puti̲!**
viel Glück²
Viel Glück!   Gute Reise!

Floskeln & Redewendungen

Sèrdjetschnyjè pozdrawljenija! 🔊
herzliche Glückwünsche
Herzlichen Glückwunsch!

„Gesundheit" wünscht man sich wie im Deutschen beim Niesen!

Butjè zdørowy! 🔊
seid(!) gesund(Mz)
Gesundheit!

Shelaju pøprawitsa!
(ich)wünsche bessern-sich
Gute Besserung!

Na-zdarowjè! 🔊
auf-Gesundheit⁶
Zum Wohl! / Prost!

S-praznikom!
mit-Feiertag⁵
Frohes Fest!

S-nowym godom! 🔊
mit-neuem⁵ Jahr⁵
Frohes neues Jahr!

(Ja) shelaju stschastliwowo nowowo goda! 🔊
(ich) wünsche glückliches² neues² Jahr²
Ich wünsche ein glückliches neues Jahr!

Bølschojè spasibø za pozdrawljenija. 🔊
großer Dank für Gratulationen⁴
Vielen Dank für Ihre Gratulation!

bedauern, sich entschuldigen

Izwinitjè! 🔊
entschuldigt(!)
Entschuldigung!

Prøstitjè!
verzeiht(!)
Verzeihung!

Äto ushasno. 🔊
dieses schrecklich(Umst.)
Das ist ja schrecklich!

Kak shal!
Wie schade!

🗩 **Otschèn shal!** **Mnje otschèn shal!**
sehr schade *mir³ sehr schade*
(Das ist) sehr schade! Es tut mir sehr Leid!

🗩 **K-søshaljenju, ja nje møgu østatsa/prijti!**
zum-Bedauern³ ich nicht kann bleiben-sich/
kommen(v)
Leider kann ich nicht bleiben/kommen!

zustimmen & loben

🗩 **Da!**	Ja!
🗩 **Ja znaju.**	Ich weiß.
🗩 **My znajèm.**	Wir wissen.
🗩 **Kønjeschno!**	Natürlich!

🗩 **S(-bølschym) udøwolstwijèm!**
mit(-großem⁵) Vergnügen⁵
Mit (großem) Vergnügen!

🗩 **Chørøschø!**	Gut!
🗩 **V-pørjadkj !**	In Ordnung!
🗩 **Razumjejètsa!**	Selbstverständlich!
🗩 **Prawilno!**	Richtig!
🗩 **Äto wjerno!**	Das stimmt!
🗩 **(Äto) krasiwo!**	Das ist schön/hübsch!
🗩 **(Äto) prèkrasno!**	Das ist herrlich!
🗩 **(Äto) øtlitschno!**	Das ist ausgezeichnet/toll!

🗩 **Ja/ty praw/prawa!**
ich/du richtig(m/w)
Ich habe / du hast Recht!

My/wy pr<u>a</u>wy! 🎵
wir/ihr richtig(Mz)
Wir haben / Ihr habt Recht!

<u>Ä</u>to mnje (<u>o</u>tschèn) nr<u>a</u>witsa! 🎵
dieses mir[3] (sehr) gefällt-sich
Das gefällt mir (sehr) gut!

Pøjdj<u>o</u>t.	Naja. Es geht so. Okay.	🎵
Wøzm<u>o</u>shno.	Vielleicht.	🎵
Wèrøj<u>a</u>tno.	Wahrscheinlich.	🎵
Ja nje zn<u>a</u>ju.	Ich weiß nicht.	🎵

wörtl: ich nicht weiß (neben der Zeile **Ja nje zn<u>a</u>ju.**)

ablehnen & sich beschweren

Njet (spas<u>i</u>bø)!	Nein (danke)!	🎵
Kønj<u>e</u>schno njet!	Natürlich nicht!	🎵
Nik<u>ø</u>gd<u>a</u>!	Niemals!	🎵
Ni-v-koj<u>è</u>m sl<u>u</u>tschajè!	Auf keinen Fall!	🎵
Nèpr<u>a</u>wilno!	Falsch!	🎵
<u>Ä</u>towo nj<u>e</u> bylo!	Das stimmt nicht!	🎵
Napr<u>o</u>tiv!	Im Gegenteil!	🎵

Ja/ty nje praw/praw<u>a</u>.
ich/du nicht richtig(m/w)
Ich habe / du hast nicht Recht.

<u>Ä</u>to njewøzm<u>o</u>shno. 🎵
dieses nicht-möglich(Umst.)
Es/das ist unmöglich.

<u>Ä</u>to mnje nje nr<u>a</u>witsa. 🎵
dieses mir[3] nicht (es)gefällt-sich
Das gefällt mir nicht.

U mènja njet shelanja.
bei mir² nicht Lust²
Ich habe keine Lust.

Wy øschibajètjès!
ihr (ihr)irrt-sich
Sie irren sich!

Ja chøtschu pøshalowatsa (u ...)
ich möchte beschweren-sich (bei + 2. Fall)
Ich möchte mich (bei ...) beschweren.

Sich vorstellen

Ja rad/rada s-wami poznakomitsa.
ich froh(m/w) mit-euch kennen-lernen-sich
Ich freue mich, Sie kennen zu lernen.

**Razrèschitjè prèdstawit*:
gøspødin „Becker".**
erlaubt(!) vorstellen: Herrn⁴ Becker
Darf ich vorstellen: Herr Becker.

Otschèn prijatno.
sehr angenehm(Umst.)
Sehr angenehm.

Mnje toshe.
mir³ auch
Ebenfalls.

**Moshetjè wy mènja pøznakomit*
s-gøspødinom Andropowym?**
*(ihr)könnt ihr mich⁴ bekannt-machen mit-Herrn⁵
Andropov²*
Würden Sie mich mit Herrn Andropov
bekannt machen?

Razrèschitjè prèdstawitsa?
gestattet(!) vorstellen-sich mein
Darf ich mich vorstellen?

Møja famịlija „Hildebrand".

Familienname Hildebrand

Mein Name ist Hildebrand.

Ạto møja shenạ / moj mush.

dieses meine Frau / mein Mann.

Das ist meine Frau / mein Mann.

Das erste Gespräch

So könnte Ihr erstes Gespräch beginnen:

Kak was / tèbja zøwut?

wie ihr[2] / dich[2] (sie)nennen

Wie heißen Sie / heißt du?

Mènjạ zøwụt Maria.

mich[2] (sie)nennen Maria

Ich heiße Maria.

Øtkụda wy/ty?

woher ihr/du

Woher sind Sie / bist du?

Ja/my iz Gèrmạni'i/Ạvstri'i/Schwejtsạri'i.

ich/wir aus Deutschland[2]/Österreich[2]/Schweiz[2]

Ich bin / wir sind aus Deutschland/
Österreich/der Schweiz.

Iz kakọwo gọroda wy prijẹchali?

aus welcher Stadt[2] ihr herkamt(Mz)

Aus welcher Stadt kommen Sie?

🔊 **Ja/my iz Mjunchena.**
ich/wir aus München[2]
Ich bin / wir sind aus München.

🔊 **Ja iz goroda Mjunchen/Gamburg.**
ich aus Stadt[2] *München/Hamburg*
Ich bin aus München/Hamburg.

🔊 **Gdje ty zdjes shiwjosch?**
wo du hier (du)wohnst
Wo wohnst du hier?

🔊 **Gdje wy zdjes shiwjotjè?**
wo ihr hier (ihr)wohnt
Wo wohnen Sie hier?

🔊 **Ja shiwu / my shiwjom zdjes v-gøstinitsjè.**
ich wohne / wir wohnen hier im-Hotel[6]
Ich wohne / wir wohnen hier im Hotel.

🔊 **Schto ty zdjes djelajèsch?**
was du hier (du)machst
Was machst du hier?

🔊 **Schto wy zdjes djelajètjè?**
was ihr hier (ihr)macht
Was machen Sie hier?

🔊 **Ja turist/turistka.**   **Ja zdjes rabotaju.**
ich Tourist/Touristin   *ich hier arbeite*
Ich bin Tourist(in).   Ich bin beruflich hier.

🔊 **Ja prijechal/prijechala pø djelam.**
ich herkam(m/w) durch Sachen[5]
Ich bin geschäftlich hier.

Bei unbekannteren Orten, oder wenn der Ortsname gebeugt werden muss, ist es einfacher und auch verständlicher, die Bezeichnung „Stadt", „Ort" oder „Dorf" vor den Ortsnamen zu stellen. Diese wird dann gebeugt, der Ortsname bleibt unverändert.

Wy shiwjotjè ødnj?   **Ty shiwjosch ødin/ødna?** 🔊
ihr lebt allein(Mz)   *du lebst allein(m/w)*
Leben Sie allein?   Lebst du allein?

Da, ja shiwu ødin/ødna. 🔊
ja ich lebe allein(m/w)
Ja, ich lebe allein.

Njet, ja shenat/zamushem. 🔊
nein ich verheiratet(m/w)
Nein, ich bin verheiratet.

U was jest* djeti?   **U nas njet dètjej.** 🔊
bei euch² es-gibt Kinder bei uns² nicht Kinder²
Haben Sie Kinder?   Wir haben keine Kinder.

U was jest* brat i sèstra? 🔊
bei euch² es-gibt Bruder und Schwester
Haben Sie Geschwister?

U m nja jest* brat/sèstra. 🔊
bei mir² ès-gibt Bruder/Schwester
Ich habe einen/eine Bruder/Schwester.

Kjem ty rabotajèsch / wy rabotajètjè?
als-wer du arbeitest / ihr arbeitet
Was arbeitest du / arbeiten Sie?

Ja (po prøfesi'i) ...
ich (durch Beruf) ...
Ich bin (von Beruf) ...

slushaschtschij/slushaschtschaja m/w	*Angestellter/Angestellte*
rabotschij/rabotschaja m/w	*Arbeiter/-in*
bèzrabotnyj, tschastnik	*arbeitslos, Selbstständiger*
wratsch m + w, komèrsant m	*Arzt, Geschäftsmann,*
rèmjeslènik m, domochøzjajka w	*Handwerker, Hausfrau*
inshenjer w	*Ingenieur*
shurnalist/shurnalistka m/w	*Journalist/-in*
sjelskij chøzjain m	*Landwirt*
utschitèl*/utschitèlnitsa m/w	*Lehrer/-in*
pènsiønjer/pènsiønjerka m/w	*Rentner/-in*
utschènik/utschènitsa m/w	*Schüler/-in*
studjent/studjentka m/w	*Student/-in*
biznèsmjen/prèdprinimatèl* m	*Unternehmer*

🔊 **Wam nrawitsa w-Møskwje?**
euch³ (es)gefällt-sich in-Moskau⁶
Gefällt es Ihnen in Moskau?

🔊 **Da, mnje otschèn nrawitsa.**
ja mir³ sehr (es)gefällt-sich
Ja, es gefällt mir sehr.

Zu Gast sein

Wird man nach Hause eingeladen, freuen sich die Gastgeber über ein kleines pødarki *Geschenk* (Kosmetika, Kaffee aus Deutschland, oder frische Blumen, Lebensmittel) immer richtig. Es ist ratsam vor Reiseantritt ein paar Kleinigkeiten zum Verschenken einzukaufen. Die Geste zählt!

Ja priglaschaju was!
ich einlade euch⁴
Ich lade Sie/euch ein!

Butjè naschim gostjèm!
seid(!) unser⁵ Gast⁵
Seien Sie doch bitte unser Gast!

Prichødijtè k-nam dømoj, zavtra wetschèrom!
kommt(!) zu-uns⁵ nach-Hause, morgen Abend
Kommen Sie doch morgen Abend zu uns
nach Hause!

Schto wy djelajètjè sèwodnja wetschèrom?
was ihr macht heute Abend
Was macht ihr (machen Sie) heute Abend?

Chøtitjè pøjti s-nami?
(ihr)wollt losgehen(v) mit-uns⁵
Wollt ihr mit uns mitkommen?

S-udøwolstwijèm!
mit-Vergnügen⁵
Mit Vergnügen!

Bølschojè spasibø za priglaschenijè.
großes danke für Einladung⁴
Vielen Dank für die Einladung!

Bølschojè spasibø, no ja nje møgu.
großes danke aber ich nicht kann
Vielen Dank! Aber ich kann leider nicht
kommen.

🔊 **My prinèsli / ja prinjos/prinèsla malènkij pødarok.**
wir mitbrachten(Mz) / ich mitbrachte(m/w) kleines[4] Geschenk[4]
Wir haben / ich habe ein kleines Geschenk mitgebracht.

🔊 **Wy gølødny?**   **Ty golødjen / gølødna?**
ihr hungrig(Mz)   *du hungrig(m/w)*
Sind Sie hungrig?   Bist du hungrig?

🔊 **Jèschtscho schto-nibud*?**   **Spasibø, øchotno.**
noch irgendetwas   *danke, sehr-gern*
Möchten Sie noch etwas?   Ja, bitte!

Familie, Verwandtschaft	
djeduschka, babuschka	Opa, Oma
røditèli, rodstwèniki	Eltern, Verwandte
øtjets/papa, mat*/mama	Vater/Mutter
djadja, tjotja	Onkel, Tante
zjat*, zølovka	Schwager, -in
mush, shena	(Ehe)Mann, Frau
brat, sèstra	Bruder, Schwester
rèbjonok, djeti	Kind, Kinder
syn, dotsch	Sohn, Tochter
plèmjanik, plèmjanitsa	Neffe, Nichte
wnuk, wnutschka	Enkel, Enkelin
shenaty/zamushèm	verheiratet m/w
øbrutschjon/øbrutschèna	verlobt m/w
razwèdjon/razwèdèna	geschieden m/w
ødinoki/ødinoka	ledig, allein m/w
øwdøwjel/øwdøwjela	verwitwet m/w

Njet, spasibø! Ja dèjstwitèlno nje møgu bolsche! 🔊

nein danke! ich wirklich nicht kann mehr
Nein danke. Ich kann wirklich nicht mehr!

Bølschojè spasibø za chøroschuju jèdu / za prèkrasnyj wetschèr! 🔊

großes danke für gutes⁴ Essen⁴ /
für herrlichen⁴ Abend⁴
Vielen Dank für das gute Essen /
den (wunder)schönen Abend!

Moshno prigøtowit* nèmjetskojè bljudo dlja was? 🔊

man-kann vorbereiten deutsches Gericht für euch⁴
Darf ich für Sie (euch) ein deutsches Gericht
kochen?

Wot fotøgrafi'i iz doma. 🔊

hier Fotografien aus zu-Hause
Hier sind Fotos von zu Hause.

Ja drushu s ... 🔊

ich bin-befreundet mit ...
Ich bin befreundet mit ...

Liebesgeflüster

Falls Sie für jemanden mehr Gefühle ent-
wickelt haben, oder jemand für Sie, kann Ih-
nen dieses Kapitel weiterhelfen:

prèzèrwati̱v	Kondom	презерватив
zaschtschi̱ta	Verhütung	защита
SPID	Aids	СПИД
lj̱ubow*	Liebe	любовь
flirt, flirtøwa̱t*	Flirt, flirten	
potselu̱j, tseløwa̱t*	Kuss, küssen	

🎜 **Ty mnje nra̱wischsa.**   **Ja tèbj̱a ljublj̱u.**
du mir³ gefällst-sich   *ich dich⁴ liebe*
Ich mag dich.   Ich liebe dich.

🎜 **Cho̱tschèsch spat* sø-mno̱j?**
(du)willst schlafen mit-mir⁵
Willst du mit mir schlafen?

🎜 **U mènj̱a jest* prèzèrwati̱v.**
bei mir² es-gibt Kondom
Ich habe ein Kondom.

🎜 **Sèwo̱dnja njet.**   **Østa̱v mènj̱a v-pøko̱jè!**
heute nicht   *lass mich² in-Ruhe⁶*
Heute nicht.   Lass mich in Ruhe!

Schimpfen & Fluchen

Man(n) schimpft und flucht in Russland gern und oft. Wenn auch die Hemmschwelle dafür niedriger liegt als im Deutschen, so sind doch folgende Ausdrücke nicht für den „touristischen" Gebrauch gedacht, sondern vielmehr für das Verstehen einer Situation:

K-tschjortu!	Zum Teufel!
Jolki-palki!	Mist!
Swolotsch*!	Gesindel!
Durak!	Blödmann!
(Ty) gawno!	Arschloch!
Pøschjol won!	Hau ab!

wörtl.: (du)Scheiße

Toilette

Für „Toilette" sagt man tualjet und ein wenig vornehmer ubornaja. Es gibt Sitz-, aber auch Stehtoiletten. Vergessen Sie nie Toiletten-papier mitzunehmen!

tualjet, ubornaja	Toilette
mushskoj tualjet	Männertoilette
mush	Herren (Aufschrift)
shenskij tualjet	Frauentoilette
shena	Damen (Aufschrift)
zanjato – swøbodno	besetzt – frei
tualjetnaja bumaga	Toilettenpapier

auf Schildern: М

auf Schildern: Ж

Где здесь туалет?
Gdje zdjes tualjet?
wo hier Toilette
Wo ist hier eine Toilette?

У вас есть туалетная бумага?
U was jest* tualjetnaja bumaga?
bei euch² es-gibt Toiletten Papier
Haben Sie Toilettenpapier?

Unterwegs

Um unnötiges Suchen zu vermeiden, sollte man sich darüber im Klaren sein, dass vielerorts Straßen oder auch Parks umbenannt wurden bzw. werden.

... in der Stadt

Как мне пройти к?
Kak mnje projti k ...?
wie mir³ hingehen zu ...(3. Fall)
Wie komme ich zum/zur ...?

Можно пройти пешком?
Moshno projti pèschkom?
man-kann hingehen zu-Fuß
Kann man zu Fuß gehen?

Далеко ещё до ...?
Dalèko jèschtscho do ...?
weit noch bis ... (2. Fall)
Ist es noch weit bis zum/zur ...?

Поезжайте на автобусе!
Pøjèshshajtjè na avtobusjè!
hinfahrt(!) auf Autobus⁶
Nehmen Sie den Bus!

Jèschtscho sto metrov / ødin kilømetr.
noch hundert Meter(Mz)² / ein Kilometer
(Es sind) noch 100 Meter / ein Kilometer.

Jèschtscho pjat minut.
noch fünf Minuten(Mz)²
(Es sind) noch 5 Minuten.

Как называется эта улиза?
Kak nazywajètsa äta ulitsa?
wie (sie)nennt-sich diese Straße
Wie heißt diese Straße?

Это улица ...?
Äto ulitsa ...?
dieses Straße ...
Ist das die ... Straße?

Можно осмотреть ...?
Moshno øsmøtrjet* ...?
man-kann besichtigen(v) ... (4. Fall)
Kann man ... besichtigen?

Открыт/работает?
... øtkryt/rabotajèt?
... geöffnet/arbeitet
Ist ... geöffnet?

Когда открывается ...?	Где ...?
Køgda øtkrywajètsa ...?	**Gdje ...?**
wann (es)öffnet-sich ...	*wo ...*
Wann ist ... geöffnet?	Wo ist ...?

выход, вход	**wychød, vchod**	Ausgang, Eingang
мост, перекрёсток	**most, pèrèkrjostok**	Brücke, Kreuzung
сбетофор, улица	**swètøfor, ulitsa**	Ampel, Straße
переулок, путь	**pèrè'uløk, put* *m***	Gasse, Weg/Route

ploschtschad* w, gorod	Platz, Stadt	площадь, город
dèrewnja, mjesto	Dorf, Ort/Stelle	деревня, место
plan goroda	Stadtplan	план города
dostoprimètschatèlnosti	Sehenswürdigkeit	достопримечательности
pamjatnik, ikona	Denkmal, Ikone	памятник, икона
søbor, tserkov* w	Kathedrale, Kirche	собор, церковь
dwørjets kultury	Kulturpalast	дворец культуры
muzej, dwørjets	Museum, Palast	музей, дворец
park, zamok	Park, Schloss	парк, замок
stadion, tèatr	Stadion, Theater	стадион, театр
uniwèrsitjet, zo'opark	Universität, Zoo	университет, зоопарк
äkskursija	Ausflug	экскурсия
äkskursija pø-gorodu	Stadtrundfahrt	экскурсия по городу

Richtungshinweise

naprawo/naljewo	(nach) rechts/links
prjamo, nazad/øbratno	geradeaus, zurück
dalèko	weit
nèdalèko/blizko	nah
zdjes, tam	hier, dort/da
srazu zdjes	gleich hier
za uglom	um die Ecke
naprotiv	gegenüber
vsjo dalsche	immer weiter

🔊 **Iditjè prjamo do swètøfora!**
geht(!) geradeaus bis Ampel[2]
Gehen Sie geradeaus bis zur Ampel.

🔊 **Pøtom iditjè naljewo.**
dann geht(!) links
Dann gehen Sie links.

Pojèshsh<u>a</u>jtjè tschj<u>e</u>rèz most i p<u>ø</u>t<u>o</u>m swèr-nitjè napr<u>a</u>wo.

weiterfahrt(!) über Brücke4 und dann abbiegt(!) rechts

Fahren Sie über die Brücke und biegen Sie dann rechts ab.

Wam n<u>a</u>do pr<u>ø</u>j<u>e</u>chat* jèschtsch<u>o</u> <u>ø</u>d<u>i</u>n kil<u>ø</u>m<u>e</u>tr!

euch³ man-muss fahren(v) noch ein Kilometer

Fahren Sie noch einen Kilometer weiter!

Id<u>i</u>tjè vsègda pr<u>j</u>amo.

geht(!) immer geradeaus

Gehen Sie immer geradeaus.

slj<u>e</u>dujuschtschaja <u>u</u>litsa

nächste Straße

die nächste Straße

Покажите это, пожалуйста, на карте!

Pokash<u>i</u>tjè <u>ä</u>to p<u>ø</u>sh<u>a</u>lsta na kartjè!

zeigt(!) dieses bitte auf Karte⁶

Zeigen Sie das bitte auf der Karte!

Die Metro ist mehr als ein Verkehrsmittel. Sie ist eines der erlebenswertesten Museen. Anfang der 30er Jahre war sie von Stalin als Prestigeobjekt geplant. Die einzelnen Metro-Stationen bieten ein zarenwürdiges Ambiente: Marmor, Kronleuchter und riesige Gemälde in prunkvollen Sälen.

... mit öffentlichen Verkehrsmitteln		
avt<u>o</u>bus	автобус	Bus
mètr<u>o</u>	метро	U-Bahn
tramw<u>a</u>j	трамвай	Straßenbahn
tr<u>ø</u>l<u>e</u>jbus	троллейбус	Trolleybus
<u>ø</u>stan<u>o</u>vka	остановка	Haltestelle

Этот трамвай идёт к ...?
Ätot tramwaj idjot k ...?
diese Straßenbahn geht nach ... (3. Fall)
Fährt diese Straßenbahn nach ...?

iti *II, best.,* jechat* *best.*	gehen, fahren
vchødit* *III,* wychødit* *III*	ein-, aussteigen
øtjèshshat*	abfahren
pribywat*	ankommen

Когда отходит автобус номер ...?
Køgda øtchodit avtobus nomèr ...?
wann (er)abgeht Autobus Nummer ...
Wann fährt der Bus Nr. ... ab?

Сколько ещё остановок до ...?
Skolkø jèschtscho østanowok do ...?
wie-viele noch Haltestellen[2] bis ...(2. Fall)
Wie viele Haltestellen sind es noch bis ...?

Ещё остановки ...
Jèschtscho ... østanovki.
noch ... Haltestelle[2]
(Es sind) noch ... Haltestellen.

скажите, пожалуйста, когда нам выходить!
Skashitjè pøshalsta køgda nam wychødit*!
sagt(!) bitte wann uns[3] aussteigen
Sagen Sie uns, wann wir aussteigen müssen!

Razrèschitjè prøjti!
gestattet(!) durchgehen(v)
Lassen Sie mich bitte durch!

Ein paar Tipps:
In den Eingangshallen
der Metro kann man an
Schaltern Einzel-, Mehr-
fahr- und Zeitkarten
kaufen. Bei Intourist oder
im Hotel sollte man nach
einem Streckenplan
der Metro fragen
(U was jest plan mètro?).*
So kann man die
Stationsnamen auf dem
Plan mit den Aufschrif-
ten auf den Schildern
vergleichen oder Fahrgä-
sten auf diesem Plan
zeigen, wohin man
fahren will.

Unterwegs

... mit dem Taxi

| (маршрутное) такси | **(marschrutnojè) taksi** | (Sammel)Taxi |
| стояика такси | **støjanka taksi** | Taxistand |

Wy swøbodny?
ihr frei(Mz)
Sind Sie frei?

Taxen erkennt man
am schachbrettartigen
Muster auf Türen,
Dach und Kofferraum.
Wenn man keine
Wucherpreise zahlen
möchte, sollte man
kein Taxi vor
touristischen Brenn-
punkten anheuern!
Den Preis unbedingt
beim Einsteigen
vereinbaren! Es halten
auch Privatwagen, die
für faire Preise ihre
Dienste anbieten,
wenn Sie der Sache
trauen wollen.

Сколько стоит такси до ...?
Skolkø stoit taksi do ...
wie-viel kostet Taxi bis ... (2. Fall)
Wie viel kostet ein/das Taxi bis zum/zur ...

... красной площади ?
... krasnoj ploschtschadi?
... roten[2] Platz[2]
... Roten Platz?

Я хочу / мы хотим на ...?
Ja chøtschu / my chøtim na ...
ich möchte / wir möchten nach/ins ... (4. Fall)
Ich möchte / wir möchten nach ...

Пожалуйста, остановите здесь/сейчас!
Pøshalsta østanøwitjè zdjes/sèjtschas!
bitte anhaltet(!) hier/jetzt
Bitte halten Sie hier/jetzt an!

... mit der Eisenbahn

Die gigantischen Entfernungen, die für Tou-
risten ein Abenteuer bedeuten, stellen für den

Alltag des Landes eine immense Belastung dar: Industrietransporte oder Versorgung der Bevölkerung – Haupttransportmittel für Waren und Personen über große Entfernungen ist nach wie vor die Bahn.

wøkzal	Bahnhof	вокзал
platfor̲ma/pèro̲n	Bahnsteig	платформа
put*	Gleis	путь
sheljeznaja døro̲ga	Eisenbahn	шелезая дорога
poje̲zd	Zug	поезд
sko̲ryj poje̲zd	Schnellzug	скорый поезд
spal̲nyj wago̲n	Schlafwagen	спальный вагон
wago̲n-rèstøran	Speisewagen	вагон-ресторан
ka̲ssa	Schalter, Kasse	касса
sprawotschnojè bjuro̲	Auskunftsbüro	справочое бюро
zal øshida̲nija	Wartesaal	зал ожидания
sta̲ntsija	Station	станция
bagash	Gepäck	багаж
kamèra chranjenija	Gepäckaufbewahrung	камера хранения
raspisa̲nijè pøje̲zdo̲v	Fahrplan	расписание
øtprawljenijè	Abfahrt	отправление
pribyt̲ijè	Ankunft	прибытие

Für den Vorort- und Kurzstreckenverkehr ist die elektri̲tschka („Elektrische") zuständig, deren Wagen meist recht spartanisch eingerichtet sind.

Сколько стоит билйет до ...?
Skolkø sto̲it biljet do ...?
wie-viel (sie)kostet Fahrkarte bis ... (2. Fall)
Was kostet die Fahrkarte nach ...?

Когда приезжает поезд из ...?
Køgda prijèshshajèt pojèzd iz ...?
wann (er)ankommt Zug aus ... (2. Fall)
Wann kommt der Zug aus ... an?

билет	**biljet**	Fahrkarte
плацкарта	**platskarta**	Platzkarte
обратный билет	**øbratnyj biljet**	Rückfahrkarte
опоздание	**øpøzdanije**	Verspätung
точно	**totschno**	pünktlich
мяткий вагон	**mjachkij wagon**	erste Klasse
жёсткий вагон	**shostkij wagon**	zweite Klasse
туда и обратно	**tuda i øbratno**	hin- und zurück

Поезд опаздывает?
Pojèzd øpazdywajèt?
Zug (er)verspätet
Hat der Zug Verspätung?

Die längste Eisenbahn-
strecke der Welt (9500
km) Strecke „Moskau
– Wladiwostok" ist
unter dem Namen
„Transsibirische Eisen-
bahn" oder „Transsib"
bekannt. Eine kom-
plette Fahrt dauert
noch immer sieben
Tage und Nächte.

Нужно сделать пересадку?
Nushno zdjelat* pèrèsadku?
man-muss machen(v) Umsteigen[4]
Muss man / ich umsteigen?

Где поезд останавливается?
Gdje pojèzd østanawliwajètsa?
wo Zug (er)anhält-sich
Wo hat der Zug Aufenthalt?

Этот поезд на ...?
Ätot pojèzd na ...?
dieser Zug auf ... (4. Fall)
Ist das der Zug nach ...?

Сколько (времени) длится путешествие до ...?
Skolkø (wr̯emèni) dl̯itsa put̯èschɛstwij̯è do ...?
wie-viel(Zeit) (sie)dauert-sich Reise bis ... (2. Fall)
Wie lange dauert die Reise nach ...?

Здесь есть ещё свободное место?
Zdjes jest* j̯èschtschø swøbodnoj̯è mj̯esto?
hier es-gibt noch freien[4] Platz[4]
Ist hier noch ein Platz frei?

Извините, пожалуйста, это моё место.
Izwin̯itj̯è pøshal̯sta, äto møj̯o mj̯esto.
entschuldigt(!) bitte dieses mein Platz
Entschuldigen Sie bitte, das ist mein Platz.

Можно открыть/закрыть дверь/окно?
Møshno øtkry̯t*/zakry̯t* dwjer*/økno?
man-kann öffnen/schließen Tür/Fenster
Kann ich die Tür/Fenster öffnen/schließen?

Mnje chølodno/sharko.
mir[3] kalt/warm
Mir ist kalt/warm.

Можно получить чай/одеяло?
Møshno pølutsch̯it* tschaj/ødèjalo?
man-kann bekommen Tee[4]/Decke[4]
Kann ich Tee / eine Decke bekommen?

Я хочу получить другую постель.
Ja chøtschu polutsch̯it* druguju pøstjel*.
ich möchte bekommen anderes[4] Bettzeug[4]
Ich möchte andere Bettwäsche haben.

In der Transsib gibt es einen Speise-, Post-, Schlaf- und Liegewagen für die Passagiere. Die oberen Liege- bzw. Schlafplätze können tagsüber weggeklappt werden, so dass alle auf den unteren Betten sitzen können. In jedem Wagen kümmert sich ein prøwodn̯ik (Schaffner) um seine Fahrgäste. Er heizt den Waggon, teilt das Bettzeug aus und kocht Tee (oder Wasser für die Teebeutel, die man mitgebracht hat). Man isst das mitgebrachte Essen im Abteil gemeinsam und unterhält sich. So hat man Verpflegung, Unterkunft und Geselligkeit in einem.

Я хочу задирать/слускать полку.
Ja chøtschu zadirat*/spuskat* polku.
ich möchte hochheben/herunterlassen Fach⁴
Ich möchte die Liege zuklappen/runterlassen.

... mit dem Auto

Wer Russland zum allerersten Mal bereist, der sollte sich besser nicht auf eine Fahrt mit dem eigenen Wagen einlassen.

Sonst gilt: Eventuelle Karosserieschäden sollte man sich an der Grenze bei Einreise unbedingt schriftlich bestätigen lassen, da es sonst bei der Ausreise Probleme geben kann.

wøditèlskojè udostowèrjenijè
Führerschein/Fahrerlaubnis
règistratsionyj dokumjent
Fahrzeugschein
(avto)maschina Auto
avtopritsep-datscha Wohnwagen
avtofurgon-datscha Wohnmobil
shiloj avtomøbil* Wohnmobil
schøfjor Fahrer
wøditèl* Fahrer
døroga Weg/Landstraße
glawnaja døroga, ulitsa Hauptstraße
avtomagistral* Autobahn
støjanka avtomaschin Parkplatz
(øchranjajèmaja) avtostøjanka
(bewachter) Parkplatz
pøstawit* maschinu III, v parken
powèrnut* v abbiegen
jechat* dalsche weiterfahren
jechat* øbratno zurückfahren

Сколько километров до ближайшего города?
Skolkø kilømjetrov do blishajschewo goroda?
wie-viele Kilometer(Mz)² bis nächste² Stadt²
Wie viele Kilometer sind es noch bis zur nächsten Stadt?

В гостинице есть гараж?

🕭 **W-gøst̲i̲nitsj jest* gar̲a̲sh?**

im-Hotel[6] es-gibt Garage   wo

Gibt es eine Garage im Hotel?

Где ближайшая автостоянка?

🕭 **Gdje blish̲a̲jschaja avtostøj̲a̲nka?**

nächstgelegener Parkplatz

Wo ist der nächste Parkplatz?

Verkehrszeichen & Hinweisschilder

объезд **øbj̲e̲zd** Umleitung	
стоп **stop** Halt	
проезд запрещён **proj̲e̲zd zapr̀e̲schtschj̲o̲n** Durchfahrt verboten	
pèr̀e̲ch̲o̲d Fußgängerübergang	
wnim̲a̲nij̲e̲ Achtung	
ремонтные работы **rèm̲o̲ntnyje rab̲o̲ty** Baustelle	
u̲litsa s-ødn̲ø̲st̲ø̲ronym dwish̲e̲nij̲è̲m Einbahnstraße	*wörtl.: Straße mit-einseitigem[5] Verkehr[5]*
открыто **øtkr̲y̲to** geöffnet	
закрыто **zakr̲y̲to** geschlossen	

Tankstelle

avtozapr̲a̲wka Tankstelle	автозаправка
dawlj̲e̲nij̲è̲ w̲o̲zducha Luftdruck	давление воздуха
benz̲i̲n Benzin	бензин
A I dèwjan̲o̲sto-tri Benzin, 93 Oktan	АИ 93
A I dèwjan̲o̲sto-pjat* Super, 95 Oktan	АИ 95
A I dèwjan̲o̲sto-w̲o̲sjem bleifrei, 98 Oktan	АИ 98

дизель	**di̱se̱l*** *m* Diesel
моторное масло	**mo̱tornoje̱ ma̱slo** Motorenöl
дистиллированная вода	**distiliro̱wanaja wo̱da̱** destilliertes Wasser
канистра	**kani̱stra** Kanister
заправлять	**zaprawlja̱t*** tanken

Achtung:
Die Einfuhr von Kraftstoff in Reservekanistern ist nicht erlaubt. Diesel ist überall erhältlich, bleifreies Benzin und Super bleifrei im Westen Russlands. Möglichst immer volltanken. In Moskau und Sankt Petersburg kann teilweise mit Kreditkarten gezahlt werden.

Пожалуйста, полный бак!
Po̱sha̱lsta po̱lnyj bak!
bitte voller Tank
Bitte volltanken!

Panne

Die ГАИ (G A I) ist die (fahrende) Verkehrspolizei und Straßenwacht (= Abkürzung für Gosuda̱rstwe̱naja avtoinspe̱ktsija). Sie patroulliert auf allen wichtigen Hauptstraßen.

awa̱rija Autopanne	
re̱mont Reparatur	
sro̱tschnyj re̱mont Schnellreparatur	
avtore̱mont(naja maste̱rskaja)	
Reparaturwerkstatt	
buksi̱rnyj avtomo̱bi̱l* *m* Abschleppwagen	
buksiro̱wotschnyj tros Abschleppseil	
domkra̱t Wagenheber	
zapasna̱ja tschast* *w* Ersatzteil	
strachøwa̱nije̱ Versicherung	

У моей машуны прокол шины.
U mo̱je̱j maschi̱ny pro̱ko̱l schi̱ny.
bei meinem² Auto² Loch⁴ Reifens²
Mein Auto hat eine Reifenpanne.

Вы можете это сделать?

🖉 **Wy moshetjè äto zdjelat*?**

ihr könnt das werden-machen(v)

Können Sie das reparieren?

Вы можете отбуксировать машину
в ближайший авторемонт?

🖉 **Wy moshetjè otbuksirovat* maschinu
w-blishajschij avtorèmont?**

*ihr könnt abschleppen(v) Wagen[4]
in-nächste[4] Autowerkstatt[4]*

Könnten Sie den Wagen zur nächsten Werkstatt abschleppen?

Сколько времени продлится ремонт?

🖉 **Skolko wremini prødlitsa rèmont?**

wie-viel Zeit(Mz)[2] (sie)wird-dauern-sich(v) Reparatur

Wie lange wird die Reparatur dauern?

У вас есть оригинальная запчасть?

🖉 **U was jest* originalnaja zaptschast*?**

bei euch[2] es-gibt originales Ersatzteil

Haben Sie ein Original-Ersatzteil?

*Am besten fährt es sich
in Gemeinschaft mit
anderen Autotouristen,
so dass man sich im
Notfall gegenseitig
helfen kann.
Der Zustand der
russischen Straßen
macht einen möglichst
reichhaltigen Ersatzteilkasten zum unbedingten Muss.*

Unfall

døroshnojè pro'isschestwijè, awarija
Verkehrsunfall
wratsch Arzt
skoraja pomoschtsch* *w*
Erste Hilfe (Rettungswagen)

У нас было дорожное происшествие.
U nas bylo døroshnoje pro'isschestwijè.
bei uns² war Verkehrsunfall
Wir hatten einen Verkehrsunfall.

У меня цвидетели!
U mènja swidjetèli!
bei mir² Zeugen
Ich habe Zeugen!

Da die meisten russischen Fahrer unterversichert sind, sollte man bei Unfällen immer die GAI verständigen. Eine Haftpflichtversicherung muss bei Einreise bei der russischen Versicherung „Ingosstrakh" an der Grenze abgeschlossen werden.

Пожалуйста, позвоните/вызовите скорую номощь!
Pøshalsta pøzwønitjè/wyzowitjè skoruju pomoschtsch*!
bitte anruft(!)/ruft(!) schnelle⁴ Hilfe⁴
Bitte rufen Sie den ärztlichen Notdienst!

Пожалуйста, напишите ваше имя и адрес!
Pøshalsta napischitjè wasche imja i adrès!
bitte aufschreibt(!,v) euren Namen und Adresse
Bitte schreiben Sie Ihren Namen und Ihre Adresse auf!

Я (не) виновен/виновна.
Ja (nje) winøwèn/winøwna.
ich (nicht) schuldig(m/w)
Ich habe (keine) Schuld.

... mit dem Flugzeug

АЭРОПОРТ =
Flughafen

Der Intourist-Schalter ist für die Abfertigung ausländischer Reisender reserviert, aber nicht immer leicht zu finden.

samøljot, a'ärøport	Flugzeug, Flughafen
awijabiljet, awijalinija	Ticket, Fluglinie
stjuardesa, wylètat*	Stewardess, abfliegen
tjet* *III, best.*	fliegen
startøwat*	starten

🖉 **Mnje plocho. Køgda samøljot pøjdjot na pøsadku?**

mir³ schlecht wann Flugzeug (es)geht auf Landung⁴

Mir ist schlecht. Wann landet das Flugzeug?

... mit dem Schiff

port порт	Hafen
kørabl*/sudno	Schiff
lodka, parom	Boot, Fähre
parøchod	Dampfschiff
tèpløchod	Motorschiff
äkskursija po-pørtu	Hafenrundfahrt
pristan*	Anlegestelle
ostrov	Insel
bjerèg, zèmlja	Ufer, Land
ozèro, morje	der See, Meer
reka, wøda	Fluss, Wasser

🖉 **Køgda pribudjèt sudno?**

wann (es)ankommt Schiff

Wann kommt das Schiff an?

🖉 **Køgda øtplywajèt tèpløchod?**

wann (es)ablegt Schiff

Wann legt das Schiff ab?

Unterkunft

Unterkunft

So finden Sie gleich nach Ihrer Ankunft vor Ort ganz schnell ein passendes Zimmer im Hotel:

| гостиница | **gøstinitsa** | Gasthof, Hotel |
| мотель | **møtel*** | Motel |

Где можно ночевать?
Gdje moshno notschewat*?
wo man-kann übernachten
Wo kann man übernachten?

Ja zakazal/zakazala ødnømjestnyj/ dwuchmjestnyj nomèr.
ich bestellte(m/w) einsitziges/ zweisitziges Zimmer
Ich habe ein Einbett-/Zweibettzimmer reserviert.

Mnje nushen nomèr na sutki.
mir[3] braucht Zimmer[4] auf 24-Stunden
Ich möchte ein Zimmer für eine Nacht.

... na dwe notschi.
... auf zwei[4] Nächte[4]
... für zwei Nächte.

Zavtrak vkljutschon w-ätu tsenu?
Frühstück eingeschlossen in-diesen[4] Preis[4]
Ist das Frühstück im Preis enthalten?

🗨 **Moshno pøsmøtrjet* nomèr?**
man-kann ansehen Zimmer
Kann ich das Zimmer sehen?

🗨 **Ja chøtschu nomèr s-duschem / drugoj nomèr.**
ich möchte Zimmer mit-Dusche⁵ / anderes Zimmer
Ich möchte ein Zimmer mit Dusche / ein anderes Zimmer.

ätash	Etage/Stockwerk
pjerwyj ätash	Erdgeschoss
slushba prijoma	Rezeption
administratsija	Rezeption
stølowaja	Speisesaal
bagash	Gepäck
kljutsch	Schlüssel
wanaja, dusch	Bad, Dusche
tjoplaja wøda	warmes Wasser
chølodnaja wøda	kaltes Wasser
krøwat* w	Bett
pokrywalo	Bettdecke
nomèr/komnata	Zimmer
øbslushiwanijè	Service
pøløtjentsjè	Handtuch

Die Stockwerke zählt man in Russland anders als bei uns: Das Erdgeschoss heißt bereits pjerwyj ätash (erster Stock)!

🗨 **Wø-skolkø zavtrak/øbjed/ushin?**
in-wie-viel Frühstück/Mittagessen/Abendessen
Um wie viel Uhr gibt es Frühstück/Mittagessen/Abendessen?

🗨 **Tèlèwisor/lampa nje rabotajèt.**
Fernsehgerät/Lampe nicht arbeitet
Das Fernsehgerät / die Lampe ist defekt.

Mnje nado ujèshshat*.

mir³ muss abreisen

Ich möchte abreisen.

Køgda ja dolshen/dølshna zaplatit*?

wann ich muss(m/w) bezahlen(v)

Wann muss ich bezahlen?

prèdwaritèlno	sèjtschas	w-djen* øtjezda
im voraus	jetzt	bei Abreise

Razbuditjè mènja pøshalsta v ... zavtra utrom!

weckt(!) mich⁴ bitte um ... morgen früh

Wecken Sie mich bitte morgen früh um ...!

Camping

молодёжная турбаза	**mølødjoshnaja turbaza**	Jugendherberge
кемпинг	**kemping**	Camping(platz)
умыбальная	**umywalnaja**	Waschraum
питьевая вода	**pitjèwaja wøda**	Trinkwasser
палатка	**palatka**	Zelt
рюкзак	**rjukzak**	Rucksack
спальный мешок	**spalnyj mèschok**	Schlafsack

Где можно поставить палатку /
приготовить еду?

**Gdje moshno pøstawit* palatku /
prigøtowit* jèdu?**

*wo man-kann hinstellen Zelt⁴ /
vorbereiten Essen⁴*

Wo kann ich das Zelt aufstellen /
Essen kochen?

Im Restaurant

Was Sie alles in Russland genießen können, erfahren Sie hier:

zavtrak	Frühstück	
øbjed	Mittagessen	
ushin	Abendbrot	
zavtrakat*	frühstücken	
øbjedat*	zu Mittag essen	
uschinat*	zu Abend essen	
wilka, nosh	Gabel, Messer	
loshka, tarjelka	Löffel, Teller	
tschaschka, stakan	Tasse, Glas	
mènju	Speisekarte	меню
glawnojè bljudo	Hauptgericht	главное блюдо
zakuska, dèsert	Vorspeise, Dessert	закуска, десерт
rèstøran, kafä	Restaurant, Café	ресторан, кафе
bufjet	(Steh)Imbiss	буфет
zakusotschnaja	Imbissstube	закусочная
pèlmjenaja	Pelmeni-Imbiss	пельменая
støløwaja, tschajnaja	Speisesaal, Teestube	столовая, чайная
køndjtèrskaja, bar	Konditorei, Bar	кондиторская, бар
kabak	Kneipe/Spelunke	кабак

Øfitsjant!	Djewuschka!
Ober	*junges-Mädchen*
Herr Ober!	Fräulein!

Butjè døbry ...!	Kto zdjes podajot?
seid(!) gute(Mz) ...	*wer hier serviert*
Seien Sie so gut ...!	Wer bedient hier?

Zdjes swøbǿdno?	**Ja golodèn/gølǿdna.** 
hier frei(Umst.)	*ich hungrig(m/w)*
Ist hier frei?	Ich habe Hunger.

Spezialitäten

борщ	**Borschtsch** – Gemüsesuppe mit Kohl, roten Rüben u. ä.
шашлык	**Schaschlyk** – kleiner Hammelfleischspieß (kaukasisches Gericht)
плов	**Plov** – gekochter Reis mit Hammelfleisch
пельмени	**Pilmjèni** – kleine, mit Fleisch gefüllte Teigtaschen (sibirisches Gericht)
чебуреки	**Tschèburjeki** – mit Hammelfleisch gefüllte Teigtaschen (kaukasische Mehlspeise)
окрошка	**Økroschka** – kalte Suppe aus Eiern, Gehacktes, Sahne und Gurken
голубцы	**Gølubtsy** – Gehacktes mit Reis in Krautblättern
рассольник	**Rassolnik** – Fleischsuppe mit sauren Gurken
солянка	**Søljanka** – Fisch- oder Fleischsuppe mit scharfen Gewürzen
белеши	**Bèlèschi** – mit Fleisch gefüllte Teigtaschen
пончики	**Pontschiki** – wie „Berliner"

Schto wy moshetjè nam pøsøwjetowat*?
was ihr könnt uns³ empfehlen(v)
Was können Sie uns empfehlen?

Ja wègètarianèts.
ich Vegetarier
Ich bin Vegetarier.

Prinèsitjè, pøshalsta, ødnu portsiju / dwje portsi'i ...

bringt(!) bitte eine[4] Portion[4] / zwei[4] Portionen[4] ...

Bringen Sie bitte eine Portion / zwei Portionen ...

Schto äto?
was dieses
Was ist das?

Äto mjasnojè bljudo?
dieses fleischliches Gericht
Ist das ein Fleischgericht?

Äto otschèn vkusno.
dieses sehr lecker(Umst.)
Das schmeckt sehr gut.

Chørøscho, wøzmjom!
gut (wir)nehmen
Das nehmen wir!

Ja wøzmu dwa schaschlyka.
ich nehme zwei Schaschlik[2]
Ich nehme zwei Schaschlik.

Prijatnowo apètita!
guter Appetit
Guten Appetit!

Spasibø, wam toshe!
danke, euch[3] auch
Danke gleichfalls!

Пожалуйста, счёт!
Pøshalsta, stschjot!
bitte Rechnung
Die Rechnung, bitte!

Сколько с меня?
Skolkø s-mènja?
wie-viel von-mir2
Was muss ich zahlen?

Äto dlja was!
Das ist für Sie!

Achtung! Hinter den uns geläufigen Wörtern schnitsel* (m) und køtljety verbergen sich verschiedene Arten von Fleischklößchen. Will man das, was der Name vermuten lässt, bestelle man øtbivnoj schnitsel*.

In der Regel gibt man ein Trinkgeld (tschajèwyjè) in Rubel oder US-Dollar.

trinken & Getränke

безалкогольные напитки	**bèzalkøgolnjè napitki**	Alkoholfreies
(минеральная) вода	**(minèralnaja) wøda**	(Mineral)wasser
молоко, какао	**møløko, kakao**	Milch, Kakao
сироп, фруктовый сок	**sirop, fruktowyj sok**	Sirup, Saft
лимонад, квас	**limønad, kwas**	Limonade, Kwas
кофе, чай	**køfè, tschaj**	Kaffee, Tee
с молоком/сахаром	**s-møløkom/sacharom**	mit Milch/Zucker
без сахара	**... bjez sachara**	... ohne Zucker
алкогольные напитки	**alkøgolnjè napitki**	Alkoholisches
пиво, вино	**piwo, wino**	Bier, Wein
белое/красное вино	**bjelojè/krasnojè wino**	Weiß-/Rotwein
шампанское	**schampanskojè**	Champagner
коктейль	**kønjak, køktejl*** *m*	Kognak, Cocktail
ром, джин	**rom, dshin**	Rum, Gin
водка, со льдом	**wodka, sø-ldom**	Wodka, on the rocks

ødna tschaschka tschaja/køfe
eine Tasse Tee²/Kaffee
eine Tasse Tee/Kaffee

Kwas ist ein leicht vergorenes Getränk aus getrocknetem Schwarzbrot mit Hefe und Rosinen. Man kann es in Flaschen abgefüllt oder auf der Straße aus dem Fass kaufen.

ødin stakan wina/soka
ein Glas Weine²/Saftes²
ein Glas Wein/Saft

ødna (pol) butylka wina/wodki
eine (halbe) Flasche Weines²/Wodkas²
eine (halbe) Flasche Wein/Wodka

tri krushki piwa
drei Krüge² Bieres²
drei (Krüge) Bier

Mnje chotschètsa pit*.
mir³ möchte-sich trinken
Ich habe Durst.

🎵 **Za wasche zdørowjè!**   **Na-zdørowjè!**
für euer⁶ Wohl⁶   *für-Wohl⁶*
Zum Wohl!   Prost!

🎵 **Za was!**
für euer⁶
Auf Euch/Auf Sie!

Einkaufen

Das ein oder andere müssen und wollen Sie sicherlich kaufen.

magazin	Geschäft	магазин
uniwèrmag	Kaufhaus	универмаг
prødøwolstwènyj magazin	Lebensmittelladen	продольственный магазин
gastrønom uniwèrsam	Supermarkt	гастроном универсам
bulotschnaja	Bäckerei	булочная
rynok	Wochenmarkt	рынок
knishnyj magazin	Buchhandlung	книжный магазин
magazin suwènirov	Souvenirladen	магазин сувениров
tschjornyj rynok	Schwarzmarkt	чёрный рынок
kiosk	Kiosk	киоск

Das Moskauer Kaufhaus GUM (ГУМ) steht für gosudarstwènyj uniwèrsalnyj magazin *staaliches universelles Geschäft.*

🎵 **Ja chøtschu pøjti kupit* schto-nibud*.**
ich möchte gehen kaufen(v) etwas
Ich möchte einen Einkaufsbummel machen.

Einkaufen

Gdje moshno kupit*/poluschit*...?
wo man-kann kaufen(v)/bekommen(v) ... (4. Fall)
Wo kann man ... kaufen/(gratis) bekommen?

Magazin øtkryt/zakryt?
Laden geöffnet/geschlossen
Ist der Laden geöffnet/geschlossen?

Skolkø mnje shdat*?
wie-viel mir³ warten
Wie lange muss ich warten?

sløwar*	Wörterbuch
døroshnaja karta	Straßenkarte
plan goroda	Stadtplan
karandasch, shurnal	Bleistift, Zeitschrift
gazjeta, sigarjety	Zeitung, Zigaretten
plastinka	Schallplatte

Schto jèschtscho shelajètjè?
was noch (ihr)wünscht
Darf es sonst noch etwas sein?

Jèschtscho bolsche.
noch mehr
Noch mehr.

Skolkø stoit ...?
wie-viel (es)kostet ...
Wie viel kostet ...?

Äto (otschèn) dorogo.
das (sehr) teuer
Das ist (sehr) teuer.

Ja chøtschu prosto pøsmøtrjet*.
ich möchte einfach ansehen(v)
Ich möchte das nur ansehen.

M̲o̲shno pø̲pro̲bo̲wat*/primè̲r̲i̲t*?
man-kann kosten/anprobieren
Darf ich das kosten/anprobieren?

Lebensmittel & Gewürze

chljeb, b̲u̲lotschka	Brot, Brötchen	хлеб, булочка
m̲a̲slo, j̲a̲jtsa	Butter, Eier	масло, яйца
mø̲roshenojè̲, r̲y̲ba	Eis, Fisch	мороженое, рыба
mj̲a̲so, pè̲tsch̲e̲njè̲	Fleisch, Gebäck	мясо, печенье
pt̲i̲tsa, o̲̲woschtschi	Geflügel, Gemüse	птица, овощи
gulj̲a̲sch, shark̲o̲jè̲	Gulasch, Braten	гуляш, жаркое
mj̲o̲d, k̲u̲ritsa	Honig, Huhn	мёд, курица
kart̲o̲fèl*m, syr	Kartoffeln, Käse	картофель, сыр
kø̲tlj̲e̲ty, pir̲o̲g	Fleischklöße, Kuchen	котлеты, пирог
marmèl̲a̲d, mø̲l̲o̲̲ko	Marmelade, Milch	мармелад, молоко
fr̲u̲kty, pj̲e̲rè̲ts	Obst, Pfeffer	фрукты, перец
ris, gø̲wj̲a̲dina	Reis, Rindfleisch	рис, говядина
rø̲mschteks, sl̲i̲vki *Mz*	Rumpsteak, Sahne	ромштекс, сливки
sol* w, schn̲i̲tsèl* m	Salz, Hacksteak	соль, шницель
gø̲rtsch̲i̲tsa, sup	Senf, Suppe	горчица, суп
tort, kolbas̲a̲, s̲a̲char	Torte, Wurst, Zucker	торт, колбаса, сахар

🔊 **Ja ä̲to bè̲ru.** **Ja ä̲to nje wø̲zm̲u̲.**
ich dieses werde-nehmen(v) *ich dieses nicht nehme*
Ich nehme das. Ich nehme das nicht.

🔊 **Ä̲to vsjo/chø̲rø̲sch̲o̲.** **Dø̲st̲a̲totschno.**
Das ist alles/gut so. Das reicht. / Genug.

🔊 **Ja ischtsch̲u̲ gazj̲e̲tu.**
ich suche Zeitung[4]
Ich suche eine Zeitung.

Dajtjè mnje, pøshalsta, øtkrytku.
gebt(!) mir³ bitte Postkarte⁴
Geben Sie mir bitte eine Postkarte.

Mnje nushno sto gram syra.
mir³ man-braucht hundert Gramm Käse²
Ich brauche 100 Gramm Käse.

Bank, Geld, Post & Telefonieren

Alles zum Thema Bank und Geld:

> **bank** БАНК Bank
> **nalitschnyjè djengi** Bargeld
> **Gosbank** Staatliche Bank,
> Abkürzung für gosudarstwènyj bank
> **punkt øbmjena waljuty** Wechselstube
> **mjelotsch*** *w* Kleingeld
> **banknot** Geldschein
> **waljuta** *Ez* Devisen, harte Währung
> **(turistskij) tschjek** (Traveller)Scheck
> **krèditnaja kartotschka** Kreditkarte
> **kurs** Wechselkurs
> **øbmènjat* djengi** Geld tauschen

Punkt Umtausch² Devise²

Übrigens: Wer bank *Bank* mit banka vertauscht,
sagt „Einweckglas"!

Moshno zdjes øbmènjat* waljutu/djengi?
man-kann hier umtauschen Devise⁴/Gelder(Mz)⁴
Kann ich hier Devisen/Geld umtauschen?

1	2–4, 22–24 …	5–20, 25–30 …
rubl*	**rublja**	**rubljej**
køpjejka	**køpjejki**	**køpjejèk**

Rubel = РУБЛЬ
Kopeke

Skolkø rubljej ja polutschu za …
wie-viel Rubel(Mz)² ich werde-bekommen(v) für
Wie viele Rubel bekomme ich für …?

… sto jevro
… 100 Euro
… sto dolarov
… 100 Dollar
… sto schwèjtsarskich frankov
… 100 Schweizer Franken

Mnje nado øbmènjat* sto jevro.
mir³ man-muss umtauschen hundert⁴ Euro
Ich möchte 100 Euro umtauschen.

Post

Postamt = ПОЧТА

🔊 **Mnje nushno øtprawit* äto pismo / ätot pakjet …**
mir³ man-muss abschicken dieser Brief / dieses Paket
Ich möchte diesen Brief / dieses Paket … abschicken.

🔊 **w-Gèrmaniju/v-Schwèjtsariju/w-Avvstriju …**
nach Deutschland⁴/nach-Schweiz⁴/nach-Österreich⁴
nach Deutschland/in die Schweiz/ nach Österreich …

Дайте мне бланк для телеграммы (за границу).

**Dajtjè mnje blank dlja tèlègramy
(za granitsu).**

*gebt(!) mir[3] Formular für Telegramm[2]
(hinter Grenze[4])*

Geben Sie mir ein Telegrammformular
(fürs Ausland).

Postamt	**potschta, pøtschtowojè ødèljenijè**
Telegrammannahme	**prijom tèlègram**
Luftpost, Briefmarke	**awijapotschtam, (pøtschtowaja) marka**
Brief, Postkarte, Päckchen	**pismo, øtkrytka, bandèrol* w**
Paket, Umschlag, Formular	**pakjet, kønwjert, blank**
Adresse, Absender	**adrès, øtprawitèl***
Briefkasten	**pøtschtowyj jaschtschik**

Telefonieren

	tèlègraf ТЕЛЕГРАФ Telegrafenamt
	tèlèfon Telefon
Telefon-Automat	**tèlèfon-avtomat** Münzfernsprecher
	komutator Vermittlung
Code Bestimmung[2]	**kod naznatschjenija** Vorwahl
Nummer Telefon[2]	**nomèr tèlèfona** Telefonnummer
Gespräch durch-Telefon[3]	**razgowor po-tèlèfonu** Telefongespräch
örtliches Gespräch	**mjestnyj razgøwor** Ortsgespräch
internationales Gespräch	**mjeshdunarodnyj razgøwor**
	Auslandsgespräch
klingeln durch Telefon[3]	**pøzwønit* po tèlèfonu** telefonieren

Gdje moshno pøzwønit* po tèlèfonu?

wo man-man klingeln durch Telefon[3]

Wo kann ich telefonieren?

Napischjtjè mnje nomèr tèlèfona / kod naznatschjenija ...
aufschreibt(!) mir Nummer Telefon[2] / Code Bestimmung[2] ... (2. Fall)
Schreiben Sie mir bitte die Telefonnummer/ Vorwahl von/des ... auf.

Ja chøtschu zakazat* razgøwor s-Berlinom.
ich möchte bestellen(v) Gespräch mit-Berlin[5]
Ich möchte ein Gespräch nach Berlin anmelden.

Mnje nado dolgo shdat*?
mir[3] man-muss lange(Umst.) warten
Muss ich lange warten?

Nomèr nje øtwètschajèt.   **Zanjato!**
Nummer nicht (sie)antwortet   *besetzt(Umst.)*
Es antwortet keiner.   Besetzt!

Alo?   **Berlin – vtøraja kabina, pøshalsta!**
hallo   *Berlin – zweite Kabine bitte*
Hallo?   Berlin – in die zweite Kabine, bitte!

Maria u tèlèfona.   **S-kjem ja gøwørju?**
Maria bei Telefon[2]   *mit-wem[5] ich spreche*
Hier ist Maria.   Mit wem spreche ich?

Mnje nushen gøspødin / nushna gøspøsha ...
mir[3] man-benötigt(m) Herr / man-benötigt(w) Frau ...
Ich möchte Herrn / Frau ... sprechen.

Behörden

Reist man in einer Gruppe, so werden alle Formulare für den Aufenthalt von der Reiseleitung ausgefüllt.

Мне нужна вуза на
Mnje nushna wiza na ...
mir³ man-benötigt Visum nach
Ich brauche ein Visum nach ...

Это возможно?	Я могу ждать?
Äto wøzmoshno?	**Ja møgu shdat*?**
dieses möglich	*ich kann warten*
Ist das möglich?	Darf ich warten?

бланк, имя	**blank, imja**	Formular, Vorname
адрес, улица	**adrès, ulitsa**	Adresse, Straße
приезд, въезд	**prijezd, wjezd**	Ankunft, Einreise
паспорт	**pasport**	Reisepass
фамилия	**familija**	Familienname
местожутельцтво	**mèstøshitèlstwo**	Wohnort
подпись	**podpis*** *w*	Unterschrift
отьезд	**øtjezd**	Abreise
выезд	**wyjèzd**	Ausreise

Ja chøtschu jèschtscho østatsa na dwa dnja/ na nèdjelju.
ich möchte noch bleiben-sich auf zwei⁴ Tage⁴ / auf Woche⁴
Ich möchte noch zwei Tage / eine Woche bleiben.

Mnje nado lètjet*/jechat* ushe zavtra.
mir³ man-muss fliegen(best.) / fahren(best.) schon morgen
Ich muss morgen weiterfliegen/-fahren.

Помогите мне, пожалуйста, заполить декларацию!
🎧 **Pømøgitjè mnje pøshalsta zapolnit* dèklaratsiju!**
helft(!) mir³ bitte ausfüllen Erklärung⁴
Helfen Sie mir bitte, die Zollerklärung auszufüllen!

Grenz- & Zollkontrolle

pasportnyj køntrol*	Passkontrolle
tamoshenyj køntrol*	Zollkontrolle
(tamoshenaja) dèklaratsija	(Zoll)Erklärung
pasport	Reisepass
tschèmødan, sumka	Koffer, Reisetasche
poschlina *Ez*	Zollgebühren

Äto pødarki / litschnyje wjeschtschi!
dieses Geschenke / persönliche Dinge
Das sind Geschenke/persönliche Dinge!

Ja protèstuju!
ich protestiere
Ich protestiere!

Polizei

Вызовите милицию!
🎧 **Wyzowitjè militsiju!**
ruft(!,v) Polizei⁴
Rufen Sie die Polizei!

Где поблизости милицуя?
Gdje pøblizosti militsija?
wo durch-Nähe³ Polizei
Wo ist die nächste Polizeiwache?

На меня напали!
Na mènja napali!
auf mich⁴ überfielen(Mz)
Ich wurde überfallen!

Меня обокрали!
Mènja øbøkrali!
mich⁴ bestahlen(Mz)
... bestohlen!

Я потерял/потеряла свои документы.
Ja potèrjal/potèrjala swø'i dokumjenty.
ich verlor(m/w) meine-eigenen Dokumente
Ich habe meine Papiere verloren.

Fotografieren

Bei der Verständigung über Fotos hilft:

diafilm	Diafilm
tschjorno-bjelyj film	Schwarz-Weiß-Film
fotokamèra	Fotokamera
øbjèktiv, batarjejki	Objektiv, Batterien
fotovspyschka	Blitzgerät
projawljenijè	Entwicklung
øtpètschatok	Papierabzüge
førmat, fotografija	Format, Fotografie
widèomagnitøfon	Videokamera
widèjokasjeta	Videokassette
fotografirowat*	fotografieren
snimat* film	filmen
projawljat*	entwickeln

wörtl.: aufnehmen Film

🔊 **Mo̱shno zdjes sfotografi̱rowat*?**
man-kann hier fotografieren(v)
Darf man hier fotografieren?

🔊 **Sko̱lkø wre̱mèni dli̱tsa projawlje̱nijè diafi̱lma?**
wie-viel Zeit dauert-sich Entwicklung⁴ Diafilm²
Wie lange dauert die Entwicklung des Dia-films?

Lichtempfindlichkeit wird für russische Filme in GOST angegeben:

45 ГОСТ = 50 ASA
90 ГОСТ = 100 ASA
180 ГОСТ = 200 ASA
350 ГОСТ = 400 ASA

Rauchen

Die Raucher unter Ihnen brauchen noch folgendes Vokabular:

🔊 **Mo̱shno zdjes kuri̱t*?**
man-kann hier rauchen
Darf man hier rauchen?

🔊 **U was jest* zashiga̱lka?**
bei euch² es-gibt Feuer
Haben Sie Feuer?

Куруть запрещено!
🔊 **Kuri̱t* zaprèschtschèno̱!**
Rauchen verboten!

sigarje̱ty (s-fi̱ltrom)	(Filter)Zigaretten
sigarje̱ty bjez fi̱ltra	Zigaretten ohne Filter
tru̱bka, taba̱k	Pfeife, Tabak
zashiga̱lka *w,Mz*	Feuerzeug
spi̱tschki	Streichhölzer

Krank sein

Medizinische Betreuung ist flächendeckend gewährleistet.

поликлиника	**poliklinika**	Poliklinik
больница	**bølnitsa**	Krankenhaus
регистрация, врач	**règistratsija, wratsch**	Aufnahme, Arzt
часы приёма	**tschasy prijoma**	Sprechstunde
приёмная	**prijomnaja**	Wartezimmer
На помощь!	**Na pomoschtsch*!**	Hilfe!
Скопее, врача!	**Skørjejè, wratscha!**	Schnell, einen Arzt!
Осторожчее!	**Østøroshnèjè!**	Vorsichtiger!

Вызовите врача / цкорую помощь!
Wysowitjè wratscha / skoruju pomoschtsch*! 🔊
ruft(!) Arzt⁴ / schnelle⁴ Hilfe⁴
Rufen Sie einen Arzt / einen Krankenwagen!

beim Arzt

Ja bolèn/bølna.   **Na schto shalujètjès?** 🔊
ich krank(m/w)   *auf was (ihr)leidet*
Ich bin krank.   Was fehlt Ihnen?

wörtl.: bei mir² schmerzt

U mènja bølit ...	Mir tut ... weh.
ruka, shiwot	Arm/Hand, Bauch
nøga, grudnaja kljetka	Bein/Fuß, Brustkorb
scheja, sertse	Hals, Herz
gøløwa, sheludok	Kopf, Magen
potschki *Mz*, **ucho**	Nieren, Ohr
spina, plètscho	Rücken, Schulter

U mènja ...	Ich habe ...	
alergija, pønos	Allergie, Durchfall	алергия, понос
wospaljenijè	Entzündung	воспаление
temperatura/shar, grip	Fieber, Grippe	температура, жар, грип
sèrdjetschnyjè bolí *Mz*	Herzschmerzen	сердечные боль
kaschel* *m*	Husten	кашель
gøløwnaja bol* *w*	Kopfschmerzen	головная боль
bol* w-sheludkjè *w*	Magenschmerzen	боль в желудке
boli *Mz*	Schmerzen	боли
tøschnøta	Übelkeit	тошнота

У меня здесь болит!
U mènja zdjes bølit!
bei mir² hier (es)schmerzt
Hier tut es mir weh!

У меня одноразовые шпицы.
U mènja ødnørazowyjè schpritsy.
bei mir² einmalige Spritzen
Ich habe Einwegspritzen mit.

Я больной/больная днабетом.
Ja bølnoj/bølnaja diabetom.
ich krank(m/w) Diabetes⁵
Ich bin Diabetiker

Мне нужна справка для моего страхования.
Mnje nushna sprawka dlja mojèwø strachøwanija.
mir³ man-braucht(w) Beleg für meine² Versicherung²
Ich brauche eine Quittung für meine Versicherung!

beim Zahnarzt		
zubnoj wratsch	Zahnarzt	зубной врач
zub, plomba	Zahn, Füllung	зуб, пломба

Запломбируйте, не вырывайте, пожалуйста!
Zaplømbirujtè, nje wyrywajtè pøshalsta!
plombiert(!) nicht herauszieht(!) bitte
Den Zahn bitte plombieren, nicht ziehen!

аптека	**aptjeka**	Apotheke
градусник	**gradusnik/termometr**	Fieberthermometer
пластырь, вата	**plastyr* *m*, wata**	Pflaster, Watte
мазь, таблетка	**maz*, tabljetka**	Salbe, Tablette
капли, бинт	**kapli *Mz*, bint**	Tropfen, Verband
свечка	**swetschka**	Zäpfchen
снотворное (средство)	**snøtwornojè (sredstwo)**	Schlafmittel
(женские) подкладки	**(shenskijè) pødkladki**	Damenbinden
пелёнки	**pèljonki**	(Stoff)Windeln
принимать внутрь	**prinimat* wnutr**	zum Einnehmen
(принимат) наружное	**(prinimat*) narushnojè**	zum Einreiben
для детей	**... dlja dètjej**	... für Kinder

Дайте мне что-нибудь от головной боли/
поноса.
**Dajtè mnje schto-nibud* ot gøløwnoj boli/
pønosa.**
*gebt(!) mir³ etwas gegen Kopf Schmerzen²/
Durchfall²*
Geben Sie mir bitte etwas gegen
Kopfschmerzen/Durchfall.

Как принимать лекарство?
Kak prinimat* lèkarstwo?
wie einnehmen Medikament
Wie muss man dieses Medikament einneh-
men?

Wortliste Deutsch – Russisch

Nikolai Korzhov@fotolia.com

gehört nicht nach der „e"-Beugung (I. Gruppe), ist angegeben, nach welcher Beugungsgruppe oder Aspekt zu beugen ist, z. B.: (II), (III), (v). Hier ist immer die 1. und 2. Person Einzahl in Klammern angegeben.

Verben der Richtung und Bewegung sind mit „best." für „bestimmte Richtung" und „unbest." für „unbestimmte Richtung" gekennzeichnet.

Bei regelmäßigen Eigenschaftswörtern wird nur die männliche Form angegeben.

Verlangt ein Verhältniswort oder ein Verb einen bestimmten Fall für das nachfolgende Wort, so ist dies an der nachfolgenden Zahl in Klammern abzulesen, z. B.: na (+4)

Weibliche (w) und sächliche (s) Hauptwörter sind gekennzeichnet, alle anderen sind männlich. Nach dem Hauptwort steht die Mehrzahlendung/-form in Klammern, z. B.: komnat/a (-y) (w); d. h. komnata ist Einzahl und komnaty Mehrzahl. Sind Ein- und Mehrzahl identisch steht ein (=).

Ist ein Verb nicht im unvollendeten Aspekt und

A

abbiegen swǫrątschiwat*; swèrn/ụt* (-ụ/-jǫsch) *(II,v)*
Abend wętschèr (-ạ)
Abendbrot ụshin (-y)
Abendbrot essen ụshinat*; pǿ'ụshinat* *(v)*
aber no, a

abfahren ujèshshạt*; ujè/chat* (-du/-dèsch) *(v)*
abfliegen ulètạt*; ulèt/ęt* (-schụ/-ịsch) *(III,v)*
abgeben ǿtda/wạt* (-ju/jǫsch) *(II)*; ǿt/dạt* *(v)* (-dam/-dasch/-dast/-dadịm/-dadịtjè/-dadụt)
abholen zajèshshạt* za *(+5)*
Abreise ǿtjęzd (-y)
abschleppen (Auto) wzjat* maschịnu na buksir (wǫzmụ/wǿzmjǫsch) *(II, v)*
Abteil kupǟ (=) *(s)*
Adresse ạdres (-a)
Alkohol alkǫgǫl* *(Ez)*
allein ǫdịn
alles vsjo
als (Vgl.) tschjem
als (Zeit) køgdạ
alt stạryj
Alter (Lebens-) wǫzrast (-y)
anbieten prèdlạgạt*
anderer drugǫj
anfangen natschinạt*; natsch/ạt* (-nụ/-njǫsch) *(II,v)*
angenehm! prijạtnо!
Angst strach (-i)
anhalten østanạwliwat*; østan/øwịt* (-ǿwljụ/-ǿwisch) *(III,v)*
ankommen pribywạt*; prib/ỵt* (-ụdu/-ụdèsch)*(v)*
Ankunft pribytijè *(s,Ez)*
anmelden, sich prøpịsywa/tsa (-jus/-jèschsa)
anstatt vmjęsto *(+2)*
Antwort øtwjęt (-y)
antworten øtwètschạt*

Apotheke aptj<u>e</u>k/a (-i) *(w)*

Arbeit tr<u>u</u>d (-y), rab<u>o</u>t/a (-y)*(w)*

arbeiten rab<u>o</u>tat*

arm bj<u>e</u>dnyj

Arzt wr<u>a</u>tsch (-i)

auch t<u>o</u>she

Aufenthalt prèbyw<u>a</u>ni/jè (-ja)*(s)*

aufhören pèrèsta/w<u>a</u>t* (-j<u>u</u>/-j<u>o</u>sch) *(II)*

aufstehen vsta/w<u>a</u>t* (-j<u>u</u>/-j<u>o</u>sch) *(II)*

aus iz *(+2)*

ausdrücken wyrash<u>a</u>t*

außer kr<u>o</u>mjè

Ausfuhr (Export) <u>ä</u>ksport (-y), wyw<u>o</u>z (-y)

ausfüllen (Formular) zap<u>o</u>lnja/t* (-ju/-jèsch)

Ausgang wych<u>o</u>d (-y)

ausgezeichnet <u>o</u>tlj<u>i</u>tschnyj

Auskunft spr<u>a</u>vk/a (-i) *(w)*, inf<u>o</u>r-m<u>a</u>tsi/ja (-'i) *(w)*

Auskunftsbüro spr<u>a</u>wotschn/aja (-yjè), spr<u>a</u>wotschn/ojè bjur<u>o</u> (-yjè =) *(s)*

Ausland zagran<u>i</u>tsa *(w,Ez)*

Ausländer inostr<u>a</u>n/èts (-tsy)

Ausländerin inostr<u>a</u>nk/a (-i) *(w)*

Ausreise wyj<u>e</u>zd *(Ez)*

Aussprache proizn<u>o</u>sch<u>e</u>ni/jè (-ja) *(s)*

aussteigen wych/<u>o</u>dit* (-<u>o</u>shu/-<u>o</u>disch) *(III)*; wyj/ti (-d<u>u</u>/-dj<u>o</u>sch) *(II, v)*

Ausstellung wyst<u>a</u>vk/a (-i) *(w)*

ausverkauft! (ras)pr<u>o</u>dano!

Ausweis p<u>a</u>sport (-a)

ausziehen razd<u>è</u>w<u>a</u>t*

Auto (<u>a</u>vto)mash<u>i</u>n/a (-y) *(w)*

Autobahn avtomag<u>i</u>stra/l* (-li) *(w)*

Autowerkstatt avtomast<u>è</u>rsk/<u>a</u>ja (-ijè) *(w)*

B

baden, sich kup<u>a</u>/tsa (-jus/-jèschsa)

Badezimmer w<u>a</u>n/aja (-yjè) *(w)*

Bahnhof w<u>o</u>kz<u>a</u>l (-y)

Bahnsteig platf<u>o</u>rm/a (-y) *(w)*

bald sk<u>o</u>ro

Ballett bal<u>e</u>t (-y)

Bank (Geld) b<u>a</u>nk (-i)

Bank (Sitz-) skam/j<u>a</u> (-ji) *(w)*

Bargeld nal<u>i</u>tschnyjè *(Mz)*

Batterie batar<u>e</u>/ja (-'i) *(w)*

Bauch shiw<u>o</u>t (-y)

bauen stro/it* (-ju/-isch) *(III)*; p<u>o</u>stro/it* (-ju/-isch) *(III, v)*

beeilen, sich t<u>o</u>r/<u>o</u>p<u>i</u>tsa (-<u>o</u>plj<u>u</u>s/-<u>o</u>pischsa) *(III)*

beenden <u>o</u>k<u>a</u>ntschiwat*

befinden, sich nach/<u>o</u>d<u>i</u>tsa (-<u>o</u>sh<u>u</u>s/-<u>o</u>dischsa) *(III)*

befindet es ... sich nach<u>o</u>ditsa

Beginn natsch<u>a</u>lo *(s,Ez)*

begleiten prow<u>o</u>sh<u>a</u>t*

behandeln (Krankh.) ljètsch/<u>i</u>t* (-<u>u</u>/-isch) *(III)*

Behörde wj<u>e</u>domstw/o (-a) *(s)*, administr<u>a</u>tsi/ja (-'i) *(w)*

bei u *(+2)*

bekannt machen, sich znak<u>o</u>m/ itsa (-ljus/-ischsa) *(III)*; <u>o</u>znak<u>o</u>m/itsa (-ljus/-ischsa) *(III, v)*

Bekleidung <u>o</u>dj<u>e</u>shd/a (-y) *(w)*

bekommen polutsch<u>a</u>t*; pol/ut-sch<u>i</u>t* (-utsch<u>u</u>/-<u>u</u>tschisch) *(III, v)*

beleidigen <u>o</u>bish<u>a</u>t*

benachrichtigen uw<u>è</u>domlj<u>a</u>t*

Benzin b<u>è</u>nz<u>i</u>n *(Ez)*

Berg g<u>o</u>r/a *(w,Ez)*

Beruf pr<u>o</u>f<u>e</u>si/ja (-'i) *(w)*

berühmt znam<u>e</u>n<u>i</u>tyj, izw<u>j</u>estnyj

beschäftigen, sich mit zani-m<u>a</u>/tsa *(+5: Dingen, s +5: mit Personen)* (-jus/-jèschsa)

beschweren, sich sh<u>a</u>l/owatsa (-ujus/-ujèschsa)

besichtigen <u>o</u>sm<u>a</u>triwat*; <u>o</u>sm/<u>o</u>trj<u>e</u>t* (-<u>o</u>trj<u>u</u>/-<u>o</u>trisch) *(III, v)*

Besitzer wladj<u>e</u>l/èts (-tsy)

besser als l<u>u</u>tsche tschj<u>e</u>m

besserer l<u>u</u>tschij

bestellen zak<u>a</u>zywat*; zak/az<u>a</u>t* (-ash<u>u</u>/-<u>a</u>shèsch) *(v)*

Bestellung zak<u>a</u>z (-y)

besten, am l<u>u</u>tsche vsew<u>o</u>

bester na'il<u>u</u>tschij

Besuch (v. etw.) pos<u>è</u>scht-sch<u>e</u>ni/jè(-ja)*(s)*

Besuch (v. jmd.) wiz<u>i</u>t (-y)

besuchen pos<u>è</u>schtsch<u>a</u>t*; pos<u>è</u>/t<u>i</u>t* (-schtsch<u>u</u>/-t<u>i</u>sch) *(III,v)*

Betrieb prèdprij<u>a</u>ti/jè (-ja) *(s)*

betrügen <u>o</u>bm<u>a</u>nywat*

betrunken pj<u>a</u>nyj

Bett p<u>o</u>stj<u>e</u>/l* (-li) *(w)*, krow<u>a</u>/t* (-ti) *(w)*

bevor prèshdje tschj<u>e</u>m

Bier p<u>i</u>wo *(s,Ez)*

Bild (Kunst) kart<u>i</u>n/a (-y) *(w)*

billig nèd<u>o</u>rogo, dj<u>o</u>schewo *(Umst.)*

Binde (Hyg.) p<u>o</u>dkl<u>a</u>dk/a (-i)*(w)*

Binde (Med.) b<u>i</u>nt (-y)

bis do *(+2)*
bisschen nèmnogo
Bitte prosb/a (-y) *(w)*
bitte pøshalsta
bitter gorkij
bleiben østa/watsa (-jus/
-joschsa) *(III)*; østa/tsa (-nus/
-nèschsa) *(v)*
Bleistift karandasch (-i)
Blume tswèt/ok (-y)
Boot lodk/a (-i) *(w)*
Botschaft (dipl.) pøsolstw/o
(-a) *(s)*
Brauch øbytscha/j (-i)
braucht: man ... nushno
breit schyrokij
brennen gør/jet* (-ju/-isch) *(III)*
Brief pismo (pisma) *(s)*
Briefmarke pøtschtow/aja
mark/a (-yjè -y) *(w)*
Brille øtschki *(Mz)*
bringen prin/øsjt* (-øschu/
-øsisch) *(III)*; prinès/ti (-u/
-josch) *(II, v)*
Brot chljeb *(Ez)*
Brötchen bulotschk/a (-i) *(w)*
Brücke most (-y)
Buch knig/a (-i) *(w)*
buchen brønjr/owat* (-uju/
-ujèsch); zabrønjr/owat* (-uju/
-ujèsch) *(v)*
Buchstabe bukw/a (-y) *(w)*
Bügeleisen utjug (-i)
bügeln gla/dit* (-shu/-disch) *(III)*
Bürger (Staats-) grashdanjn
(grashdanje)
Bürgerin grashdank/a (-y) *(w)*
Büro bjuro (=) *(s)*
Bus avtobus (-y)

D

danke spasjbø
deutsch nemjetskij
Deutschland Germanija
Diebstahl krash/a (-i) *(w)*
diese(r/-s) ätot, äta*(w)*, äto*(s)*
Diskothek diskøtjek/a (-i) *(w)*
Dokument dokumjent (-y)
Dolmetscher pèrèwodschik (-i)
Dorf dèrewn/ja (-i) *(w)*
dorthin tuda
draußen snarushi
dringend srotschno *(Umst.)*
drinnen wnutri
dumm glupyj
dunkel tjomnyj
dünn tonkij
durch (quer) tschjerèz
duschen prinimat* dusch

E

echt nastøjaschtschij
Ehefrau shena (shony) *(w)*
Eheleute suprugi *(Mz)*
Ehemann mush* *(m)* (-ja)
Eigentum sobstwènost* *(w,Ez)*
eilig spjeschnyj
einfach (leicht) prøstoj; prosto
(Umst.)
Einfuhr (Import) import (-y)
Eingang vchod (-y)
einige njeskolko
einladen priglaschat*
Einladung priglaschenj/jè (-ja)*(s)*
einmal (ødjn) raz
einsteigen sad/itsa (sashus/
-jschsa) *(III)*

eintreten vch/ødjt* (-øshu/
-odisch) *(III)*
Eintrittskarte biljet (-y)
einverstanden søgla/sèn/-sna
(w)/-sno *(s)*/-sny *(Mz)*
Einwohner shjtel* (-i) *(m)*
Eis (Speise-) mørøshenojè*(s,Ez)*
Eltern rødjtjeli *(Mz)*
empfangen(Gast) prinimat*
empfehlen søwjet/owat* (-uju/
-ujèsch)
Ende kønjets *(Ez)*
eng tjesnyj
England anglija *(w)*
englisch anglijskij
entscheiden rèschat*
entschuldigen, sich izwin/jtsa
(-jus/-jschsa) *(III)*
Entschuldigung! izwinjtjè!
entweder ... oder ili ... ili
Erde zèmlja *(w,Ez)*
Erfolg uspjech (-i)
erholen, sich øtdychat*
erinnern, sich vspominat*
erkältet prøstushenyj
Erkältung prøstuda *(w)*
erklären øbjasnja/t* (-ju/-jisch)
erkundigen, sich sprawlja/tsa (-
jus/-jèschsa)
erlauben razrèschat*
Erlaubnis razrèschenj/jè (-ja)*(s)*
Ermäßigung ljgot/a (-y) *(w)*
Ersatzteil zapasn/aja tschas/t*
(-yjè -ti) *(w)*
erzählen raskazywat*;
rask/azat* (-ashu/-ashèsch) *(v)*
essen jest* (jem, jesch, jest,
jèdjm, jèditjè, jèdjat)
Essen jèda *(w,Ez)*, kuschani/jè
(-ja) *(s)*

etwa okolo *(+2)*
etwas nèmnogo *(+2)*

F

Fähre parom *(-y)*
fahren je/chat* *(-du/-djèsch)* *(best.)*; jezd/it* *(jeshshu/-isch)* *(III, unbest.)*
Fahrkarte biljet *(-y)*
Fahrplan raspisani/jè *(-ja)* *(s)*
Fahrpreis plata *(w)* za prøjèzd
Fahrrad wèlosipjed *(-y)*
Fahrzeug maschyna *(-y)* *(w)*
fallen padat*
falls jesli
falsch! nèprawilno!
Familienname famili/ja *(-'i)* *(w)*
Farbe tswjet *(-a)*
faul (Obst) gniloj
faul (träge) lèniwyj
Fehler øschibk/a *(-i)* *(w)*
Feier(tag) praznik *(-i)*
feiern prazn/owat* *(-uju/-ujèsch)*
Feld pol/jè *(-ja)* *(s)*
Fenster økno *(okna)* *(s)*
Ferien kanjkuly *(Mz)*
Fernsehgerät tèlèwisor *(-y)*
fertig! gøtov!
fest twjørdyj
feucht syroj
Feuer øg/on* *(-ni)*
Fieber shar
Film film *(-y)*
finden nach/ødit* *(-øshu/-od/isch)* *(III)*; naj/ti *(-du/-djosch)* *(II, v)*
Finger pal/èts *(-tsy)*
Fisch ryb/a *(-y)* *(w)*

Flasche butylk/a *(-i)* *(w)*
Fleiß prilèshani/jè *(-ja)* *(s)*
Fleisch mjaso *(s,Ez)*
fleißig priljeshnyj
fliegen lètat* *(unbest.)*; lèt/et* *(-schu/-isch)* *(III, best.)*
flirten flirt/øwat* *(-uju/-ujèsch)*
Flughafen a'ärøport *(-y)*
Flugzeug samøljot *(-y)*
Flur koridor *(-y)*
Fluss rèka *(reki)* *(w)*
Formular blank *(-i)*
Foto(grafie) foto *(=)* *(s)*
Fotoapparat fotoaparat *(-y)*
fotografieren fotografir/ owat* *(-uju/-ujèsch)*; sfotografir/owat* *(-uju/-ujèsch)* *(v)*
fragen spraschiwat*; spr/øsit* *(-øschu/-osisch)* *(III, v)*
Frankreich Frantsija *(w)*
französisch frantsuzkij
Frau shenschtschin/a *(-y)* *(w)*
Fräulein djewuschk/a *(-i)* *(w)*
frei swøbødnyj
fremd tschushoj
Freund drug *(drusja)*
Freundin pødrug/a *(-i)*
freundlich priwjetliwyj
Freundschaft drushba *(w,Ez)*
frieren mjørzn/ut* *(-u/-èsch)*
frisch (Obst) swjeshij
froh rad
fröhlich wèsjolyj
Frucht frukt *(-y)*
früh ranij
früher ransche
Frühling wèsna *(w,Ez)*
Frühstück zavtrak *(-i)*
frühstücken zavtrakat*
fühlen, sich tschustw/owat* *(-uju/-ujèsch)*

Führung äkskursi/ja *(-'i)* *(w)*
für dlja *(+2)*
fürchten vor, sich bø/jatsa *(-jus/-jschsa)* *(III)*
Fuß nøga *(nogi)*
Fuß, zu pèschkom

G

ganz søvsjem
gar nicht søvsjem nje
Gas gaz
Gasse pèrè'ul/ok *(-ki)*
Gast gost* *(-i)*
Gastfreundschaft gostèpri'imst-wo *(s,Ez)*
Gastgeber chøzjain doma
Gebäude zdani/jè *(-ja)* *(s)*
geben da/wat* *(-ju/-josch)* *(II)*; dat* *(dam, dasch, dast, dadim, daditjè, dadut)(v)*
Gebiet teritori/ja *(-'i)* *(w)*
Gebirge gory *(Mz)*
Geburtstag djen* røshdjenija
gefährlich øpasnyj
gefallen nraw/itsa *(-ljus/-ischsa)* *(III)*; pønraw/itsa *(-ljus/-ischsa)* *(III, v)*
Gefäß søsud *(-y)*
Geflügel ptitsa *(Ez)*
Gefühl tschustw/o *(-a)* *(s)*
gegen(über) prøtiv *(+2)*
Gegend mjestnos/t* *(-ti)* *(w)*
Gegenteil: im ...! naprotiv!
gehen iti *(idu, idjosch)* *(II, best.)*; chødit* *(chøshu, cho-disch)* *(III, unbest.)*
Geld djengi *(Mz)*
Gemüse owoschtsch *(-i)*
gemütlich ujutnyj

genau totschnyj; totschno (Umst.)

Gepäck bagash (Ez)

gern! ochotno!

Geschichte (erzählt) raskaz (-y), istori/ja (-'i) (w)

Geschichte (hist.) istorija (w,Ez)

Geschwister brat i sèstra

Gesellschaft obschtschestwo

Gesetz zakon (-y)

Gespräch razgowor (-y)

gestern vtschèra

gesund zdørøwyj

Gesundheit zdørøwjè

Gesundheit! butjè zdørøwy!

Getränk napit/ok (-ki)

Gewicht wjes

gewinnen wy'igrywat*

Gewitter grøza (grozy) (w)

gewöhnlich øbytschno (Umst.)

Gewürz prjano/t* (-ti) (w)

gibt: es gibt jest* (unpers.)

Gift jad (-y)

Giftschlange jadøwit/aja zmèja (-yjè zmjeji)

Glas (Material) stèklo (stjokla) (s)

Glas (Trink-) stakan (-y)

glauben (denken) dumat*

glauben wjer/it* (-ju, isch) (III)

Glück stschastjè (s,Ez)

glücklich stschasliwyj

Gold zoloto (s,Ez)

Gott boch (bogi)

Gramm gram (-y)

gratulieren pozdrawlja/t* (-ju/-jèsch)

Grenze granits/a (-y) (w)

Grippe grip (Ez)

grob grubyi

groß bølschoj

Gruppe grup/a (-y) (w)

grüßen (be-) priwjetsw/ owat* (-uju/-ujèsch)

gültig dèjstwitèlnyj

gut chøroschij; chøroscho (Umst.)

H

haben imje/t* (-ju/-jèsch)

Hafen port (pørty)

Hälfte pøløwin/a (-y) (w)

halten (i.d. Hand) dèrshat* w-rukjè

Haltestelle østanovk/a (-i) (w)

Hand ruka (ruki) (w)

Handel tørgowlja (Ez)

hart twjordyj

Haus dom (døma)

Himmel njebo (s,Ez)

hinter za (+4, +5)

hoch wysokij

Hochzeit swadjb/a (-y) (w)

hoffen nadjej/atsa (-us/-èschsa)

höflich wjeshliwyj

Holz djerewo (dèrjewja) (s)

hören (zuhören) slyschat*; uslyschat* (III,v)

Hotel gostinits/a (-y) (w)

hungrig gølødnyj

Hygiene gigi'jena (w,Ez)

I

immer vsjegda

impfen priwiwat*

Impfung priwivk/a (-i) (w)

in (örtl.) w / v (+6), na (+6)

in (Richtung) w / v (+4), na (+4)

Industrie prømyschlènost* (w,Ez)

Insel ostrow (østrøwa)

interessant intèresnyj

interessieren, sich für intèrès/øwatsa (-ujus/-ujèschsa)

international mèshdunarodnyj

irren, sich øschiba/tsa (-jus/-jèschsja)

J

ja da

jagen (Wild) øchot/itsa (-schus/-ischsa) (III)

Jahr god (gody)

Jahreszeit wremja goda (wrèmèna =) (s)

jährlich jèshègodnyj

Jeans dshinsy (Mz)

jeder kashdyj

jedes Mal kashdyj raz

jemand kto-nibud*

jene(r/-s) tot (m), ta (w), to (s), tjè (Mz)

jetzt tèpjer

jung mølødoj

Junge maltschik (-i)

jünger als møloshe tschjem

K

Kaffee kofje (=) (s)

kalt chølødnyj

kann (darf), man moshno

kaputt nje rabotajèt

Kasse kass/a (-y) (w)

kaufen pokupat*; kup/it* (-lju/-kupisch) (III, v)

Kaufhaus uniwèrmag (-i)

kein nje (+2), njet (+2)

Kellner ofitsjant (-y)

Kellnerin øfitsjantk/a (-i) *(w)*
kennen (wissen) zn/at* (-aju/
-ajesch)
Kind rèbjonok *(Ez)*
Kinder djeti *(Mz)*
Kino kino (=) *(s)*, kinotèatr (-y)
Kirche tsèrkov* (tserkwi) *(w)*
Kleidung ødjeshda *(w,Ez)*
klein malènkij
klug umnyj
kochen (erhitzen) war/it* (-ju,
warisch) *(III)*
kochen gøtow/it* (-lju/-isch) *(III)*
kommen prij/ti (-du/-djosch) *(II,v)*
kompliziert sløshnyj
Kondom prèzèrwatjv
können (dürfen) møtsch (møgu,
møshèsch); smøtsch (smøgu,
smøshèsch) *(v)*
können (Fähigk.) ume/t* (-ju/
-jèsch)
Konsulat konsulstw/o (-a) *(s)*
kontrollieren prowèrjat*
Konzert køntsert (-y)
kosten (Speise) prøb/owat*
(-uju/-ujèsch)
kostenlos bèsplatnyj
kostet: das … (äto) stoit
krank bølnoj
Krankenhaus bølnits/a (-y) *(w)*
Krankenwagen skoraja po-
moschtsch* *(w,Ez)*
Krankheit bøljèz/n* (-ni) *(w)*
Küche kuchn/ja (-'i) *(w)*
kühl prøchladnyj
Kunst iskustw/o (-a) *(s)*
kurz kørotkij
küssen (jmd.) tsel/øwat*
(-uju/-ujèsch)

L

lächeln ulyba/tsa (-jus/
-jèschsa)
lachen (über) smè/jatsa (-jus/
-joschsa) *(II)*
Laden magazin (-y)
Lage (geogr.) pøløshèni/jè (-ja)
(s)
Laken prostynja (prostyni) *(w)*
Lampe lamp/a (-y) *(w)*
Land strana (strany) *(w)*
Landkarte døroshn/aja kart/a
(-yjè -y) *(w)*
Landschaft landschaft *(=)*
Landwirtschaft sjelskojè chøzja-
jstwo *(s,Ez)*
lange (zeitl.) dolgo (Umst.)
langsam mjedlènyj
langweilig skutschnyj
laufen bèsh/at* (bègu/-isch)
(III, best.); bjegat* *(unbest.)*
laut gromkij
leben shi/t* (-wu/-wjosch) *(II)*
Leben shizn* (-i) *(w)*
Lebensmittel prødøwolstwijè *(s,Ez)*
ledig chøløstoj
leer pustoj
legen kla/st* (-du/-djosch) *(II)*;
pol/øshit* (-øshu/-øshisch) *(III,v)*
leicht ljochkij
leihen ødalshiwat*
lernen utsch/itsa (-us, ut-
schischsa) *(III)*
lesen tschitat*; protschitat* *(v)*
Leute ljudi *(Mz)*
Licht swjet
lieben ljub/it* (-lju, ljubisch) *(III)*
Lied pjesn/ja (-i) *(w)*
liegen lèsh/at* (-u/-jsch) *(III)*

links sljewa
links, nach naljewo
Loch dyr/a (-y) *(w)*
Luft wozduch *(Ez)*
lügen øbmanywat*
lustig wèsjolyj

M

machen (tun) djelat*; sdjelat* *(v)*
Mädchen djewotschk/a (-i)
malen mal/èwat* (-juju/
-jujèsch)
manchmal inøgda
Mann muschtschin/a (-y)
Markt ryn/ok (-ki)
Medikament lèkarstw/o (-a) *(s)*
Meer mor/jè (-ja) *(s)*
mehr (als) bolsche (tschjem)
Menge køljtschèstw/o (-a) *(s)*
Mensch tschèløwjèk *(Ez)*
Menschen ljudi *(Mz)*
merken, sich zapominat*
Messer nosh (-i)
mieten brat* naprøkat (bèru,
bèrjosch) *(II)*
mietweise (leih-) naprøkat
Minute minut/a (-y) *(w)*
mit s *(+5)*
Mittag essen øbjedat*
Mittagessen øbjed (-y)
mitteilen søbschtschat*; søb-
schtsch/it* (-u/-jsch) *(III, v)*
Mode mod/a (-y) *(w)*
möglich wozmøshno (Umst.)
Monat mjesjats (-y)
morgen zavtra
Morgen utro *(s,Ez)*
morgens utrom
Motor møtor (-y)

Motorboot møt<u>o</u>rn/aja l<u>o</u>dk/a (-yjè -i) *(w)*
Motorrad møt<u>o</u>tsykl (-y)
müde ust<u>a</u>lyj
Museum muz<u>e</u>j (-'i)
Musik m<u>u</u>zyk/a *(w)*
muss, man n<u>a</u>do
Mutter mat* (m<u>a</u>tèri) *(w)*

N

nach (Richtung) na *(+4)*, w / v *(+4)*
nach (Zeit) p<u>o</u>slje *(+2)*
nachmittags p<u>o</u>slje øb<u>je</u>da
Nachnahme, per nal<u>o</u>shenym plat<u>è</u>shom
Nachricht izw<u>je</u>sti/jè (-ja) *(s)*
Nacht n<u>o</u>tsch* (-i) *(w)*
nackt g<u>o</u>lyj
Nadel ig<u>o</u>lk/a (-i) *(w)*
nah bl<u>i</u>zko, nèdal<u>è</u>ko *(Umst.)*
Name (Vor-) <u>i</u>mja (im<u>è</u>na) *(s)*
nass m<u>o</u>kryj
Nationalität natsiøn<u>a</u>lnos/t* (-ti) *(w)*
Natur prir<u>o</u>d/a *(w,Ez)*
natürlich! køn<u>je</u>schno!
neben u *(+2)*
nehmen brat* (b<u>è</u>ru, bèr<u>jo</u>sch) *(II)*; wzjat* (wøzm<u>u</u>, wøzm<u>jo</u>sch) *(II, v)*
nein njet
neu n<u>o</u>wyj
neugierig ljub<u>o</u>pytno *(Umst.)*
nicht nje
nichts nischt<u>o</u>
niedrig n<u>i</u>zkij
niemals nik<u>o</u>gd<u>a</u>
niemand nikt<u>o</u>

noch jèschtsch<u>o</u>
noch einmal jèschtsch<u>o</u> raz
Norden sj<u>e</u>wèr
normal norm<u>a</u>lnyj
notwendig øbjaz<u>a</u>tjelnyj
Nummer n<u>o</u>mèr (-a)
nur t<u>o</u>lko
nutzen (be-) p<u>o</u>lz/owatsa (-<u>u</u>jus/-<u>u</u>jèschsa)

O

ob li
oben naw<u>è</u>rchu
Obst fr<u>u</u>kty *(Mz)*
oder <u>i</u>li
öffnen øtkryw<u>a</u>t*; øtkr/<u>y</u>t* (-<u>o</u>ju/-<u>o</u>jèsch) *(v)*
oft tsch<u>a</u>sto
ohne bjez
Öl (Auto-) møt<u>o</u>rnoje m<u>a</u>slo *(s,Ez)*
Öl (Speise-) m<u>a</u>slo *(s,Ez)*
organisieren ørganiz/ øw<u>a</u>t* (-<u>u</u>ju/-<u>u</u>jèsch)
Ort mj<u>e</u>st/o (-a) *(s)*
Osten w<u>o</u>st<u>o</u>k *(Ez)*
Österreich <u>a</u>vstrija *(w)*
Österreicher Avstr<u>i</u>j/èts (-tsy)
Österreicherin Avstr<u>i</u>jka *(w)*
österreichisch avstr<u>i</u>jskij

P/Q

paar nj<u>e</u>skolko
Paar p<u>a</u>r/a (-y) *(w)*
Päckchen band<u>è</u>ro/l* (-li) *(w)*
Paket pakj<u>e</u>t (-y)
Palast dwør/j<u>e</u>ts (-tsy)
Papier bum<u>a</u>g/a (-i) *(w)*
Papiere dokumj<u>e</u>nty *(Mz)*

Park park (-i)
parken (Auto) pøst/<u>a</u>wit* maschjnu (-awlj<u>u</u>/-<u>a</u>wisch) *(III,v)*
Parkplatz avtostøj<u>a</u>nk/a (-i) *(w)*
passt (Kleidung) sid<u>i</u>t *(3. P. Ez)*
Patient patsij<u>e</u>nt (-y)
Pause pèr<u>è</u>ry/v (-wy)
Person pèrs<u>o</u>n/a (-y) *(w)*
Plan pl<u>a</u>n (-y)
Platz (Stadt) pl<u>o</u>schtscha/d* (-di) *(w)*
Platz (Sitz-) mj<u>e</u>st/o (-a) *(s)*
Platzkarte (Zug) platsk<u>a</u>rt/a (-y) *(w)*
plötzlich wdr<u>u</u>g
Politik pøl<u>i</u>tika *(w,Ez)*
Polizei mil<u>i</u>tsija *(w,Ez)*
Polizist militsiønj<u>e</u>r (-y)
Post(amt) p<u>o</u>tscht/a (-y) *(w)*
Postkarte øtkr<u>y</u>tk/a (-i) *(w)*
Preis ts<u>è</u>na (tsèny) *(w)*
privat tsch<u>a</u>stnyj
Problem prøbl<u>je</u>m/a (-y) *(w)*
Programm prøgr<u>a</u>m/a (-y) *(w)*
Prospekt prøsp<u>e</u>kt (-y) *(w)*
pünktlich (genau) wø-wr<u>je</u>mja
Qualität k<u>a</u>tschèstwo (s, Ez)

R

Rad kol<u>è</u>s/o (kølj<u>o</u>sa) *(s)*
Radio(gerät) r<u>a</u>dio (=) *(s)*
rauchen kur/<u>i</u>t* (-ju, k<u>u</u>risch)*(III)*
rechnen schtschit<u>a</u>t*
Rechnung stsch/j<u>o</u>t (-<u>è</u>t<u>a</u>)
Recht pr<u>a</u>w/o (-a) *(s)*
rechts spr<u>a</u>wa
rechts, nach napr<u>a</u>wo

reden (sagen) gøwør/it* (-ju/
-jsch) (III); ska/zat* (-shu/
-skashèsch) (v)

regelmäßig reguljarnyj

Regen doshd* (m,Ez)

registrieren règistrir/øwat*
(-uju/-ujèsch)

reich bøgatyj

reif spjelyj

Reifen schyn/a (-y) (w)

Reise pøjezdk/a (-i) (w)

Reisebüro bjuro putèschestwij
(=) (s)

reisen putèschestw/owat*
(-uju/-ujèsch)

Reparatur rèmont (Ez)

reparieren rèmøntir/owat*
(-uju/-ujèsch)

S

Schaffner prøwødnik (-i)

Schallplatte plastink/a (-i)

scharf (Speise) ostryj

Scheck tschjek (-i)

Schere noshnitsy (Mz)

schicken (Post) posylat*

schießen strèlja/t* (-ju/-jèsch)

Schiff sudn/o (suda) (s)

schlafen spat* (splju, splisch) (III)

Schlafzimmer spaln/ja (-i) (w)

schlagen bit* (bju, bjosch) (II)

schlecht pløchoj; plocho (Umst.)

schließen zakrywat*; zakr/yt*
(-oju/-ojèsch) (I, v)

Schloss (Burg) zam/ok (-ki)

Schloss (Tür) zam/ok (-ki)

Schlüssel kljutsch (-i)

schmackhaft vkusnyj

Schmerz bo/l* (-li) (w)

schmerzt, das (äto) bølit (3. P. Ez)

Schmuck ukraschenije (w,Ez)

schmutzig grjaznyj

Schnee snjeg

schnell! bystro!

schon ushe

schön krasiwyj

schreiben pisat* (pischu, pi-
schèsch); nap/isat* (-ischu/
-jschèsch) (v)

schreiben, sich pèrèpisyw/atsa
(-ajus/-ajèschsa)

schreien kritsch/at* (-u/-jsch)(III)

Schuh øbuv* (w)

Schuld wina (w,Ez)

schuldig winownyj

Schule schkol/a (-y) (w)

Schüler utschènik (-i)

Schülerin utschènit/a (-y) (w)

schwanger bèrjemènaja (w)

Schweiz Schwejtsarija (w)

Schweizer schwejtsar/èts (-tsy)

Schweizerin schwejtsark/a (-i)(w)

schweizerisch schwejtsarskij

schwer trudnyj

Schwester sèstra (sjostry) (w)

schwimmen plawat*

schwitzen pøtje/t* (-ju/-jèsch)

See, der ozèr/o (øzjora) (s)

sehen (an-) smøtr/jet* (-ju,
smotrisch) (III)

sehen (begegnen) wid/èt* (wis-
hu/-isch) (III)

sehen (treffen), sich wid/ètsa
(wishus/-ischsa) (III)

Sehenswürdigkeit dostoprimèt-
schatèl-nos/t* (-ti) (w)

sehr øtschèn

Seife mylo (s)

Seil tros (-y)

sein (Verb) byt*

seitdem s-tèch-por

Sekunde sèkund/a (-y) (w)

selten rjedkij

Servicebüro bjuro øbslushiwani-
ja (=)

setzen, sich sad/itsa (sashus/
-ischsa) (III); sjest* (sjadu, sja-
dèsch) (v)

Silber sèrèbro (s,Ez)

singen pjet*

sitzen sid/jet* (sishu/-jsch) (III)

so tak

sofort (gleich) sètschas

Sohn syn (-øwja)

Sommer ljeto (s,Ez)

Sonne sontse

sparen äkønøm/it* (-lju/-isch) (III)

spät pozno (Umst.)

spazieren gehen prøguliw/ atsa
(-ajus/-ajèschsa)

Spaziergang prøgulk/a (-i) (w)

Speisekarte mènju (=) (s)

Spielzeug igruschk/a (-i) (w)

Sport sport (Ez)

Sprache jazyk (-i)

Spritze (Inhalt) ukol (-y)

Spritze schprits (-y)

spritzen djelat* ukol (-y)

Staatsangehörigkeit grashdanst-
wo (s,Ez)

Stadt gorod (-a)

Stadtplan kart/a goroda (-y =) (w)

stark (Geschm.) krjepkij

stark (Kraft) silnyj

stehen stø/jat* (-ju/-isch) (III)

Stein kam/èn* (-ni) (m)

Stelle (Arbeit) mjest/o raboty
(-a =) (s)

stellen staw/it* (-lju/-isch) (III);
pøstaw/it* (-lju/-isch) (III, v)

sterben umirat*

Stimme golos (gøløsa)

Stoff tkan* (-i) (w), matèrial (-y)
stören mèschat*
Strafe (Geld-) schtraf (-y)
Straße ulits/a (-y) (w)
Straßenbahn tramwaj/a (-'i)
Streichholz spitschk/a (-i) (w)
streiten spor/it* (-ju/-isch) (III)
Stück schtuk/a (-i) (w)
Student studjent (-y)
Stunde tschas (-y)
suchen iskat* (ischtschu, ischt-schèsch)
Süden jug (Ez)
Summe sum/a (-y) (w)
Suppe sup (-y)
süß sladkij

T

Tabak tabak (Ez)
Tablette tabljetk/a (-i) (w)
Tag djen* (dni) (m)
täglich jeshèdnjewnyj
Tal dolin/a (-y) (w)
Tankstelle bènzopunkt (-y)
tanzen tants/èwat* (-uju/-ujèsch)
Tasche sumk/a (-i) (w)
tauschen (etw.) mènja/t* (-ju/-jèsch)
tauschen (miteinander) mèn-ja/tsa (-jus/-jèschsa)
Taxi taksi (=) (s)
Tee tschaj (Ez)
Teil tschas/t* (-ti) (w) (+2)
Telefon tèlèfon (-y)
telefonieren zwon/it* (po tèlèfonu) (-ju/-isch) (III); po-zwøn/it* (po tèlèfonu) (-ju-isch) (III, v)

Telegramm tèlègram/a (-y) (w)
teuer dørøgoj
Theater tèatr (-y)
Theaterkarte biljet (-y) (v tèatr)
tief glubøkij
Tier shiwotn/ojè (-yjè) (s)
Tod smjer/t* (-ti) (w)
Toilette tualjet (-y)
Toilettenpapier tualjetnaja bumaga (w,Ez)
tot mjortwyj
töten ubiwat*
Tourist turist (-y)
Touristin turistk/a (-i) (w)
Tradition nødiz/ija (-'i) (w)
tragen nøs/it* (nøschu/-isch) (III)
traurig pètschalnyj
treffen vstrètschat*
treffen, sich vstrètscha/tsa (-jus/-jèschsa)
Treffen vstrjetsch/a (-i) (w)
Treppe ljestnits/a (-y) (w)
trinken pit* (pju, pjosch) (II)
Trinkgeld tschajewyjè (Mz)
trocken suchoj
tschüss! pøka!
Tür dwje/r* (-ri) (w)
Turm baschn/ja (-i) (w)

U

über (Ort) o (+6)
über (Zeit) tschjerez (+2)
überall wèzdje
übernachten notsch/èwat* (-uju/-ujèsch); pèrènotsch/èwat* (-uju/-ujèsch) (v)
übersetzen pèrèw/ødit* (-øshu/-ødisch) (III); pèrèwè/sti (-du/-djosch) (II, v)

Übersetzer pèrèwodschik (-i)
Überweisung pèrèwod (-y)
Uhr tschasy (Mz)
um ... zu schtøby
Umleitung øbjezd (-y)
Umweg økolnyj put* (= puti)
Umwelt økrusheni/jè (-ja) (s)
umziehen (Wohnung) pèrèsèlja/tsa (-jus/-jèschsa)
umziehen, sich père'odèwa/tsa (-jus/-jèschsa)
unbekannt nèznakomyj
und i
Unfall awari/ja (-'i) (w)
ungefähr okolo (+2)
Universität uniwèrsitjet (-y)
unschuldig nèwinownyj
unten wnizu
unter pod (+4, +5)
unterhalten, sich razgøwariwat*
Unterkunft øbschtschèshiti/je (-ja) (s)
unterrichten øbutschat*
unterschreiben pødpisywat*; podp/isat* (-ischu/-jschèsch)(v)
Urlaub otpusk (-a)

V

Valuta (Devisen) waljuta (w,Ez)
verabreden, sich dogøwariwa/tsa (-jus/-jèschsa); dogowør/itsa (-jus/-jschsa) (III,v)
verabschieden, sich prøschtscha/tsa (-jus/-jèschsa)
Verantwortung øtwjetstwènos/t* (-ti)(w)
verboten zaprèschtsch/jon/-èna (w)/-èno (s)/-ny (Mz)
Verbrechen prèstupljeni/je (-ja) (s)

A-Z Wortliste Deutsch – Russisch

verdienen zarab<u>a</u>tywat*

vergessen zabyw<u>a</u>t*; zab/ <u>y</u>t* (-<u>u</u>du/-<u>u</u>djèsch) (v)

vergnügen, sich razwlèk<u>a</u>/ tsa (-jus/-jèschsa)

verirren, sich zablushd<u>a</u>/ tsa (-jus/-jèschsa)

verkaufen proda/w<u>a</u>t* (-ju/-<u>j</u>osch) (II)

Verletzung r<u>a</u>n/a (-y) (w)

verliebt wljubl<u>j</u>onyj

verlieren tèrj<u>a</u>/t* (-ju/-jèsch); potèrj<u>a</u>/t* (-ju/-jèsch) (v)

vermieten sda/w<u>a</u>t* wnaj<u>o</u>m (-ju/-<u>j</u>osch) (II)

Vermittlung (Telefon) komut<u>a</u>tor

Versicherung strach<u>o</u>vk/a (-i) (w)

verspäten, sich øp<u>a</u>zdywat*; øpøzd<u>a</u>t* (v)

verstehen ponim<u>a</u>t*; pønj<u>a</u>t* (pøjm<u>u</u>, pøjmj<u>o</u>sch) (II, v)

viel mn<u>o</u>go

vielleicht m<u>o</u>shet byt*, wøzm<u>o</u>shno

Volk nar<u>o</u>d (-y)

voll p<u>o</u>lnyj

von (Ort) ot (+2)

vor pjer<u>è</u>d (+5)

vorbeikommen zach/ød<u>i</u>t* (-øsh<u>u</u>/-<u>o</u>disch) (III); zaj/t<u>i</u> (-d<u>u</u>/-dj<u>o</u>sch) (II, v)

vorbereiten prigøt<u>a</u>wliwat*; prigøt<u>o</u>w/it* (-lju/-isch) (III, v)

vorher pr<u>è</u>shdjè

Vormittag pèr<u>è</u>d øbj<u>e</u>dom

vormittags dø-øbj<u>e</u>da

vorschlagen prèdlag<u>a</u>t*

vorstellen (jmd.) prèdstawlj<u>a</u>/t* (-ju/-jèsch); prèdst<u>a</u>w/it* (-lju/-isch) (III, v)

W

Waggon (Zug) wag<u>o</u>n (-y)

während wø-wr<u>je</u>mja

Wahrheit pr<u>a</u>wda (w,Ez)

Wald ljes (-<u>a</u>)

Ware t<u>o</u>war (-y)

warm tj<u>o</u>plyj

warten shd/<u>a</u>t* (-<u>u</u>/-j<u>o</u>sch) (II)

waschen myt* (m<u>o</u>ju, moj<u>è</u>sch)

Wäscherei pr<u>a</u>tschètschn/aja (-yje) (w)

Wasser wød<u>a</u> (w)

Watte w<u>a</u>ta (w,Ez)

wechseln m<u>è</u>nja/t* (-ju/-jèsch); pøm<u>è</u>nja/t* (-ju/-jèsch) (v)

wecken bud<u>i</u>t* (bush<u>u</u>, b<u>u</u>disch) (III); razb/ud<u>i</u>t* (-ushu/-<u>u</u>disch) (III,v)

weder ... noch ni ... ni

Weg dør<u>o</u>g/a (-i) (w)

wegen (dank) blagodarij<u>a</u> (+3)

weil pøtøm<u>u</u> schto

weinen pl<u>a</u>/kat* (-tschu/-tschèsch)

weit dal<u>è</u>ko

wenden, sich (an) øbraschtsch<u>a</u>/tsa (-jus/-jèschsa) (k + 3)

wenig m<u>a</u>lo (+2)

wenig, ein nèmn<u>o</u>go (+2)

wenn (als) køgd<u>a</u>

wenn (falls) j<u>e</u>sli

Werkstatt mast<u>è</u>rsk/<u>a</u>ja (-ije) (w)

Westen z<u>a</u>pad

Wetter pøg<u>o</u>da (w,Ez)

wichtig w<u>a</u>shnyj

wie (Vergl.) kak

wieder op<u>j</u>at*

wiederholen pøwtørj<u>a</u>/t* (-ju/-jèsch); pøwtør/<u>i</u>t* (-ju/-isch) (III, v)

Wind wj<u>e</u>t/èr (-ry)

Winter zim<u>a</u> (z<u>i</u>my) (w)

Woche nèdjel/ja (-i) (w)

wohnen shi/t* (-w<u>u</u>/-wj<u>o</u>sch)(II)

Wohnung kwart<u>i</u>r/a (-y) (w)

Wolke <u>o</u>blako (øblak<u>a</u>)

wollen chøt/j<u>e</u>t* (-schu, chøt-schèsch, chøtschèt/-<u>i</u>m/ -itj<u>è</u>/-j<u>a</u>t)

Wort sl<u>o</u>w/o (-a) (s)

Wörterbuch sløw<u>a</u>r* (-i) (m)

Wunde r<u>a</u>n/a (-y) (w)

wunderbar prèkr<u>a</u>snyj

wünschen shel<u>a</u>t*

Z

zahlen plat/<u>i</u>t* (-sch<u>u</u>, pl<u>a</u>tisch) (III); zaplat/<u>i</u>t* (-sch<u>u</u>, zapl<u>a</u>tisch) (III, v)

Zahnarzt zubn<u>o</u>j wr<u>a</u>tsch (-i)

Zahnpasta zubn<u>a</u>ja p<u>a</u>sta (w,Ez)

zeigen pøk<u>a</u>zywat*; pok/ az<u>a</u>t* (-ashu/-<u>a</u>shesch) (v)

Zeit wr<u>e</u>mja (wr<u>è</u>mèn<u>a</u>) (s)

Zeitung gaz<u>j</u>et/a (-y) (w)

Zelt pal<u>a</u>tk/a (-i) (w)

Zentrum ts<u>e</u>ntr (-y)

Zigarette sigar<u>è</u>t/a (-y) (w), papir<u>o</u>s/a (-y) (w)

Zimmer k<u>o</u>mnat/a (-y) (w)

Zoll poschl<u>i</u>na (w,Ez)

Zollamt tam<u>o</u>shnja (w,Ez)

zu (nach) k (+3)

zu (viel) sl<u>i</u>schkom

zufrieden sogl<u>a</u>s/jèn/-n<u>a</u> (w)/ -n<u>i</u> (Mz)

Zug poj<u>è</u>zd (-a)

zurück (Ort) øbr<u>a</u>tno

zurück (Zeit) (tøm<u>u</u>) naz<u>a</u>d

zusammen wm<u>è</u>stjè

zwischen mj<u>e</u>shdu (+5)

Wortliste Russisch – Deutsch

A

a aber
a'äröport (-y) Flughafen
administratsi/ja (-'i) Behörde
adres (-a) Adresse
äkönom/it* sparen
äkskursi/ja (-'i) Führung
äksport (-y) Ausfuhr, Export
alkøgol* Alkohol
anglija England
anglijskij englisch
aptjek/a (-i) Apotheke
ätot dieser
avstrija Österreich
Avstrij/èts (-tsy) Österreicher
Avstrijka Österreicherin
avstrijskij österreichisch
avtobus (-y) Bus
avtomagistra/l* (-li) Autobahn
avtomaschin/a (-y) Auto
avtomastèrsk/aja (-ijè) Auto-
werkstatt
avtostøjank/a (-i) Parkplatz
awari/ja (-'i) Unfall

B

bagash Gepäck
balet (-y) Ballett
bandèro/l* (-li) Päckchen
bank (-i) Bank (Geld)
baschn/ja (-i) Turm
batare/ja (-'i) Batterie
bènzin Benzin
bènzopunkt (-y) Tankstelle
bèrjemènaja chwanger

bèsh/at* laufen
bèsplatnyj kostenlos
biljet (-y) Fahr-, Eintrittskarte
bint (-y) Binde (Med.)
bit* schlagen
bjednyj arm
bjegat* laufen
bjez ohne
bjuro Büro
bjuro øbslushiwanija Servicebüro
bjuro putèsschestwij Reisebüro
blagodarija wegen (dank)
blank (-i) Formular
blizko nah
boch (bogi) Gott
bøgatyj reich
bø/jatsa sich fürchten vor
bo/l* (-li) Schmerz
bølit: äto ... das schmerzt
bøljez/n* (-ni) Krankheit
bølnits/a (-y) Krankenhaus
bølnoj krank
bolsche (tschjem) mehr (als)
bølschoj groß
brat (-ja) Bruder
brat i sèstra Geschwister
brat* nehmen
brat* naprøkat mieten
brødit* wandern
brønir/owat* buchen
budit* wecken
bukw/a (-y) Buchstabe
bulotschk/a (-i) Brötchen
bumag/a (-i) Papier
butjè zdørowy! Gesundheit!
butylk/a (-i) Flasche
bystro! schnell!
byt* sein (Verb)

C

chljeb Brot
chødit* gehen
chølodnyj kalt
chøløstoj ledig
chøroschij gut
chøroscho gut
chøt/jet* wollen
chøzjain doma Gastgeber

D

da ja
dalèko weit
dat* geben
da/wat* geben
dèjstwitèlnyj gültig
dèrewn/ja (-i) Dorf
dèrshat* w-rukjè halten (Hand)
diskøtjek/a (-i) Diskothek
djelat* machen (tun)
djelat* ukol (-y) spritzen
djen* (dni) Tag
djen* røshdjenija Geburtstag
djengi Geld
djerewo (dèrjewja) Holz, Baum
djeti Kinder
djewotschk/a (-i) Mädchen
djewuschk/a (-i) Fräulein
djoschewo billig
dlja für
do bis
dogøwariwa/tsa verabreden
dogowør/itsa verabreden
dokumjent (-y) Dokument
dokumjenty Papiere

dolgo lange (zeitl.)
dølin/a (-y) Tal
dom (døma) Haus
dø-objeda vormittags
dørog/a (-i) Weg
dørogoj teuer
døroshnaja karta Landkarte
doshd* Regen
døstatotschno! genug!
dostoprimètschatèlnos/t* (-ti) Sehenswürdigkeit
døwolno! genug!
drug (drusja) Freund
drugoj anderer
drushba Freundschaft
dumat* glauben, denken
dyr/a (-y) Loch
dwje/r* (-ri) Tür
dwør/jets (-tsy) Palast

F

famili/ja (-'i) Familienname
film (-y) Film
flirt Flirt
flirt/øwat* flirten
foto Foto(grafie)
fotoaparat (-y) Fotoapparat
fotografir/owat* fotografieren
Frantsija Frankreich
frantsuzkij französisch
frukt (-y) Frucht
frukty Obst

G

gaz Gas
gazjet/a (-y) Zeitung
gigi'jena Hygiene
gla/dit* bügeln

glubokij tief
glupyj dumm
god (gody) Jahr
gølodnyj hungrig
golyj nackt
gøra Berg
gør/jet* (-ju/-isch) brennen
gorkij bitter
gorod (-a) Stadt
gory Gebirge
gost* (-i) Gast
gostèpri'imstwo Gastfreundschaft
gøstinits/a (-y) Hotel
gøtov! fertig!
gøtow/it* kochen, zubereiten
gøwør/it* reden, sagen
gram (-y) Gramm
granits/a (-y) Grenze
grashdanin (grashdanje) Bürger
grashdanstwo Staatsangehörigkeit
grip Grippe
grjaznyj schmutzig
gromkij laut
grøza (grozy) Gewitter
grubyi grob
grup/a (-y) Gruppe

I

i und
igolk/a (-i) Nadel
igruschk/a (-i) Spielzeug
ili oder
ili ... ili entweder ... oder
imja (imèna) Name (Vor-)
imje/t* haben
import (-y) Einfuhr (Import)
inførmatsi/ja (-'i) Auskunft
inøgda manchmal
inøstran/èts (-tsy) Ausländer

inøstrank/a (-i) Ausländerin
intèresnyj interessant
intèrès/øwatsa interessieren
iskat* suchen
iskustw/o (-a) Kunst
istori/ja (-'i) Geschichte
iti gehen
iz aus
izwinitjè! Entschuldigung!
izwin/itsa sich entschuldigen
izwjesti/jè (-ja) Nachricht
izwjestnyj berühmt

J

jad (-y) Gift
jadøwit/aja zmèja Giftschlange
jazyk (-i) Sprache
je/chat* fahren
jèda Essen
jeschtjè! essen Sie!
jèsctscho noch
jèsctscho raz noch einmal
jeshèdnjewnyj täglich
jèshègodnyj jährlich
jesli wenn, falls
jest* essen; es gibt
jezd/it* fahren
jug Süden

K

k zu (nach)
kak wie (Vergleich)
kam/èn* (-ni) Stein
kanikuly Ferien (Schul-)
karandasch (-i) Bleistift
kart/a goroda (-y) Stadtplan
kartin/a (-y) Bild (Kunst)
kashdyj jeder

kashdyj raz jedes Mal
kass/a (-y) Kasse
katschèstwo Qualität
kino Kino
kla/st* legen
kljutsch (-i) Schlüssel
knig/a (-i) Buch
kofje Kaffee
køgda wenn, als (zeitl.)
kolèso (køljosa) Rad
kølitschèstw/o (-a) Menge
komnat/a (-y) Zimmer
komutator Vermittlung (Telefon)
kønjeschno! natürlich!
kønjets Ende
konsulstw/o (-a) Konsulat
køntsert (-y) Konzert
koridor (-y) Flur
kørotkij kurz
krash/a (-i) Diebstahl
krasiwyj schön
kritsch/at* schreien
krjepkij stark (Geschmack)
kromjè außer
krøwa/t* (-ti) Bett
kto-nibud* jemand
kuchn/ja (-'i) Küche
kupä Abteil
kupa/tsa sich baden
kup/it* kaufen
kur/it* rauchen
kuschajtje! essen Sie!
kuschani/jè (-ja) Essen
kwartir/a (-y) Wohnung

lamp/a (-y) Lampe
landschaft Landschaft
lèkarstw/o (-a) Medikament

lèniwyj faul (träge)
lèsh/at* liegen
lètat* fliegen (mit)
li ob
ljes (-a) Wald
ljestnits/a (-y) Treppe
ljeto Sommer
ljètsch/it* behandeln
ljgot/a (-y) Ermäßigung
ljochkij leicht
ljub/it* lieben
ljubøpytno neugierig
ljubow Liebe
ljudi Menschen, Leute
lodk/a (-i) Boot
lutsche tschjem besser als
lutsche vsèwo besten, am
lutschij besserer

magazin (-y) Laden
malènkij klein
mal/èwat* malen
malo wenig
maltschik (-i) Junge
maschin/a (-y) Fahrzeug
maslo Öl (Speise-)
mastèrsk/aja (-ije) Werkstatt
mat* (matèri) Mutter
matèrial (-y) Stoff
mènja/t* tauschen
mènja/tsa tauschen
mènju Speisekarte
mèschat* stören
mèshdunarodnyj international
militsija Polizei
militsionjer (-y) Polizist
minut/a (-y) Minute
mjaso Fleisch

mjedlènyj langsam
mjelotsch* (-i) Kleingeld
mjeshdu zwischen
mjesjats (-y) Monat
mjestnos/t* (-ti) Gegend
mjest/o (-a) Platz, Ort
mjest/o raboty (-a) Arbeitsplatz
mjortwyj tot
mjorzn/ut* frieren
mnogo viel
mod/a (-y) Mode
mokryj nass
mølødoj jung
moloshe tschjem jünger als
mor/jè (-ja) Meer
møroshenojè Eis (Speise-)
møroz (-y) Frost
moshet byt* vielleicht
moshno man kann (darf)
most (-y) Brücke
møtor (-y) Motor
møtorn/aja lodk/a Motorboot
møtornoje maslo Öl (Auto-)
møtøtsykl (-y) Motorrad
motsch können, dürfen
muschtschin/a (-y) Mann
mush* (-ja) Ehemann
muzej (-'i) Museum
muzyk/a Musik
mylo Seife
myt* waschen

na in, nach
na'ilutschij bester
nach/ødit* finden
nachoditsa es befindet sich
nadjej/atsa hoffen
nado man muss

naj/ti finden
nakønjets endlich
nalitschnyjė Bargeld
naljewo nach links
naloshenym platèshom per Nachnahme
nap/isat* schreiben
napit/ok (-ki) Getränk
naprawo nach rechts
naprøkat miet-, leihweise
naprotiv! im Gegenteil!
narod (-y) Volk
nastøjaschtschij echt
natschalo Beginn
natsch/at* anfangen
natschinat* anfangen
natsiønalnos/t* (-ti) Nationalität
nawèrchu oben
nazad zurück (Zeit)
nèdalèko nah
nèdjel/ja (-i) Woche
nèdorogo billig
nèmnogo etwas, bisschen
nènushnyj überflüssig
nèprawilno! falsch!
nèwinownyj unschuldig
nèznakomyj unbekannt
ni ... ni weder ... noch
nikøgda niemals
nikto niemand
nischto nichts
nizkij niedrig
nje nicht (kein)
nje rabotajèt kaputt
njebo Himmel
njeskolko einige, paar
njet nein, kein
no aber
nøga (nogi) Fuß
nomèr (-a) Nummer

normalnyj normal
nosh (-i) Messer
noshnitsy Schere
nøs/it* tragen
notsch* (-i) Nacht
notsch/èwat* übernachten
nowyj neu
nraw/itsa gefallen
nushno man braucht

O

o über (Ort)
øbishat* beleidigen
øbjasnja/t* erklären
øbjazatjelnyj notwendig
øbjed (-y) Mittagessen
øbjedat* Mittag essen
øbjezd (-y) Umleitung
oblako (oblaka) Wolke
øbmanywat* lügen, betrügen
øbraschtscha/tsa sich wenden
øbratno zurück (Ort)
øbschtschèshitije Unterkunft
obschtschestwo Gesellschaft
øbutschat* unterrichten
obuv* Schuh
øbytscha/j (-i) Brauch, Sitte
øbytschno gewöhnlich
øchot/itsa jagen((Wild)
øchotno! gern!
ødalshiwat* leihen
ødin allein, eins
ødjeshda Kleidung
ødjeshd/a (-y) Bekleidung
øfitsjant (-y) Kellner
øfitsjantk/a (-i) Kellnerin
øg/on* (-ni) Feuer
økantschiwat* beenden
økno (okna) Fenster
økolnyj put* Umweg

okolo etwa, ungefähr
økrusheni/jè (-ja) Umwelt
øpasnyj gefährlich
øpazdywat* sich verspäten
opjat* wieder
øpøzdat* sich verspäten
ørganiz/øwat* organisieren
øschiba/tsa sich irren
øschibk/a (-i) Fehler
øsmatriwat* besichtigen
øsm/øtrjet* besichtigen
østanawliwat* anhalten
østanovk/a (-i) Haltestelle
østan/øwit* anhalten
østa/tsa bleiben
østa/watsa bleiben
ostrow (østrøwa) Insel
ostryj scharf (Speise)
ot von (Ort)
øt/dat* abgeben
øtda/wat* abgeben
øtdychat* sich erholen
øtjets (øtsi) Vater
øtjezd (-y) Abreise
øtkr/yt* öffnen
øtkrytk/a (-i) Postkarte
øtkrywat* öffnen
øtlitschnyj ausgezeichnet
otpusk (-a) Urlaub
otschèn sehr
øtschki Brille
øtwètschat* antworten
øtwjet (-y) Antwort
øtwjetstwènos/t* (-ti) Verantwortung
owoschtsch (-i) Gemüse
ozèr/o (øzjora) See, der
øznakom/itsa bekannt machen

P

padat* fallen
pakjet (-y) Paket
palatk/a (-i) Zelt
pal/èts (-tsy) Finger
papiros/a (-y) Zigarette
par/a (-y) Paar
park (-i) Park
parom (-y) Fähre
pasport (-a) Ausweis (Pass)
patsijent (-y) Patient
père'odèwa/tsa sich umziehen
pèrè'ul/ok (-ki) Gasse
pèrèd øbjedom Vormittag
pèrènotsch/èwat* übernachten
pèrèpisyw/atsa sich umziehen
pèrèry/v (-wy) Pause
pèrèsèlja/tsa umziehen
pèrèsta/wat* aufhören
pèrèwè/sti übersetzen
pèrèwod (-y) Überweisung
pèrèw/ødit* übersetzen
pèrèwodschik (-i) Dolmetscher
pèrson/a (-y) Person
pèschkom zu Fuß
pètschalnyj traurig
pisat* schreiben
pismo (pisma) Brief
pit* trinken
piwo Bier
pjanyj betrunken
pjerèd vor
pjesn/ja (-i) Lied
pjet* singen
pla/kat* weinen
plan (-y) Plan
plastink/a (-i) Schallplatte
plata za projèzd Fahrpreis
platform/a (-y) Bahnsteig

plat/it* zahlen
platskart/a (-y) Platzkarte
plawat* schwimmen
plocho schlecht
pløchoj schlecht
ploschtscha/d* (-di) Platz
pø'ushinat* Abendbrot essen
pod unter
pødkladk/a (-i) Binde
podp/isat* unterschreiben
pødpisywat* unterschreiben
pødrug/a (-i) Freundin
pøgoda Wetter
pojèzd (-a) Zug (Eisenbahn)
pøjezdk/a (-i) Reise
pøka! tschüss!
pok/azat* zeigen
pøkazywat* zeigen
pokupat* kaufen
pølitika Politik
pol/je (-ja) Feld
polnyj voll
pøløsheni/jè (-ja) Lage
pol/øshit* legen
pøløwin/a (-y) Hälfte
polutschat* bekommen
pol/utschit* bekommen
polz/owatsa (be)nutzen
pomènja/t* wechseln
ponimat* verstehen
pønjat* verstehen
pønraw/itsa gefallen
port (pørty) Hafen
poschlina Zoll
posèschtschat* besuchen
posèschtscheni/jè Besuch
posè/tit* besuchen
poslje nach (Zeit)
poslje øbjeda nachmittags
pøsolstw/o (-a) Botschaft
pøstaw/it* stellen

pøst/awit* maschinu parken
pøstje/l* (-li) Bett
pøstro/it* bauen
posylat* schicken (Post)
potèrja/t* verlieren
pøtje/t* schwitzen
potømu schto weil
potscht/a (-y) Post(amt)
potseluj Kuss
pøvtor/it* wiederholen
pøvtørja/t* wiederholen
pozavtrakat* frühstücken
pozdrawlja/t* gratulieren
pozno spät
pozwøn/it* telefonieren
prawda Wahrheit
prawilnyj wahr
praw/o (-a) Recht
praznik (-i) Feier(tag)
prazn/owat* feiern
prèbywani/jè (-ja) Aufenthalt
prèdlagat* vorschlagen
prèdprijati/jè (-ja) Betrieb
prèdstaw/it* vorstellen
prèdstawlja/t* jmd. vorstellen
prèkrasnyj wunderbar
preshdjè vorher
prèshdje tschjem bevor
prèstupljeni/je (-ja) Verbrechen
prèzèrwativ Kondom
prib/yt* ankommen
pribytijè Ankunft
pribywat* ankommen
priglaschat* einladen
priglascheni/jè (-ja) Einladung
prigøtawliwat* vorbereiten
prigøtow/it* vorbereiten
prijatno! angenehm!
prij/ti kommen
priljeshnyj fleißig
prinès/ti bringen

prinimat* empfangen
prinimat* dusch duschen
prin/øsit* bringen
prirod/a Natur
priwivk/a (-i) Impfung
priwiwat* impfen
priwjetliwyj freundlich
priwjetstw/owat* (be)grüßen
prjanos/t* (-ti) Gewürz
prøbljem/a (-y) Problem
prob/owat* kosten
prøchladnyj kühl
prodano! ausverkauft!
proda/wat* verkaufen
prødøwolstwije Lebensmittel
prøfesi/ja (-'i) Beruf
prøgram/a (-y) Programm
prøguliw/atsa spazieren gehen
prøgulk/a (-i) Spaziergang
proiznøscheni/je (-ja) Ausspra-
che
prømyschlènost* Industrie
prøpisywa/tsa sich anmelden
prøschtscha/tsa verabschieden
prøspekt (-y) Prospekt
prosto einfach (leicht)
prøstoj einfach (leicht)
prøstuda Erkältung
prøstushenyj erkältet
prostynja (prostyni) Laken
protiv gegen(über)
protschitat* lesen
prowèrjat* kontrollieren
prøwødnik (-i) Schaffner
prøwøshat* begleiten
prosb/a (-y) Bitte
ptitsa Geflügel
pustoj leer
putèschestw/owat* reisen

R

rabot/a (-y) Arbeit
rabotat* arbeiten
rad froh
radio Radio(gerät)
ran/a (-y) Verletzung
ranij früh
ransche früher
raskaz (-y) Geschichte
rask/azat* erzählen
raskazywat* erzählen
raspisani/jè (-ja) Fahrplan
rasprodano! ausverkauft!
raz: ødin ... einmal
razb/udit* wecken
razdèwat* ausziehen
razgøwariwat* sich unterhalten
razgøwor (-y) Gespräch
razrèschat* erlauben
razrèscheni/jè (-ja) Erlaubnis
razwlèka/tsa sich vergnügen
rèbjonok Kind
règistrir/øwat* registrieren
reguljarnyj regelmäßig
rèka (reki) Fluss
rèmont Reparatur
rèmøntir/øwat* reparieren
rèschat* entscheiden
rjedkij selten
røditjeli Eltern
ruka (ruki) Hand
ryb/a (-y) Fisch
ryn/ok (-ki) Markt

S

s mit
sad/itsa sich setzen; einsteigen
samøljot (-y) Flugzeug

schkol/a (-y) Schule
schprits (-y) Spritze
schtoby um ... zu
schtraf (-y) Strafe (Geld-)
schtschitat* rechnen
schtuk/a (-i) Stück
schwejtsar/èts (-tsy) Schweizer
Schwejtsarija Schweiz
schwejtsark/a (-i) Schweizerin
schwejtsarskij schweizerisch
schyn/a (-y) Reifen
schyrokij breit
sda/wat* wnajom vermieten
sèkund/a (-y) Sekunde
sèrèbro Silber
sèstra (sjostry) Schwester
sètschas sofort (gleich)
sfotografir/owat* fotografieren
shal/owatsa sich beschweren
shar Fieber
shd/at* warten
shelat* wünschen
shena (shony) Ehefrau
shenschtschin/a (-y) Frau
shitèl* (-i) Einwohner
shi/t* wohnen, leben
shiwot (-y) Bauch
shiwotn/ojè (-yjè) Tier
shizn* (-i) Leben
sidit passt (Kleidung)
sid/jet* sitzen
sigaret/a (-y) Zigarette
silnyj stark (Kraft)
sjest* sich setzen
sjewèr Norden
skam/ja (-ji) Bank (Sitz-)
ska/zat* reden, sagen
skoraja pomoschtsch* Kran-
kenwagen
skoro bald
skutschnyj langweilig

sladkij süß
slischkom zu (viel)
sljewa links
sloshnyj kompliziert
sløwar* (-i) Wörterbuch
slow/o (-a) Wort
slyschat* (zu)hören
smè/jatsa lachen (über)
smjer/t* (-ti) Tod
smøtr/jet* (an)sehen
smotsch können, dürfen
snarushi draußen
snjeg Schnee
søbschtschat* mitteilen
søbschtsch/it* mitteilen
sobstwènost* Eigentum
soglas/jèn zufrieden
søgla/sèn einverstanden
sontse Sonne
søsud (-y) Gefäß
søvsjem ganz
søvsjem nje gar nicht
søwjet/owat* empfehlen
spaln/ja (-i) Schlafzimmer
spat* schlafen
SPID Aids
spitschk/a (-i) Streichholz
spjelyj reif
spjeschnyj eilig
spor/it* streiten
sport Sport
spraschiwat* fragen
sprawk/a (-i) Auskunft
sprawa rechts
sprawlja/tsa sich erkundigen
sprawotschn/aja (-yjè) Aus-kunftsbüro
spr/øsit* fragen
srotschno dringend
stakan (-y) Glas (Trink-)
staryj alt

staw/it* stellen
s-tèch-por seitdem
stèklo (stjokla) Glas
stèna (stjeny) Wand
stoit: äto ... das kostet
stø/jat* stehen
strach (-i) Angst
strachøvk/a (-i) Versicherung
strana (strany) Land
strèlja/t* schießen
stro/it* bauen
stschasliwyj glücklich
stschastjè Glück
studjent (-y) Student
stsch/jot (-èta) Rechnung
suchoj trocken
sudn/o (-a) Schiff
sum/a (-y) Summe
sumk/a (-i) Tasche
sup (-y) Suppe
suprugi Eheleute
swadjb/a (-y) Hochzeit
swèrn/ut* abbiegen
swjeshij frisch (Obst)
swjet Licht
swøbodnyj frei
swøratschiwat* abbiegen
syroj feucht

T

tabak Tabak
tabljetk/a (-i) Tablette
tak so
taksi Taxi
tamoshnja Zollamt
tants/èwat* tanzen
tèatr (-y) Theater
tèlèfon (-y) Telefon
tèlègram/a (-y) Telegramm

tèlèwisor (-y) Fernsehgerät
tèpjer jetzt
teritori/ja (-'i) Gebiet
tèrja/t* verlieren
tjesnyj eng
tjomnyj dunkel
tjoplyj warm
tkan* (-i) Stoff
tolko nur
tømu nazad zurück (Zeit)
tonkij dünn
tørgowlja Handel
tør/øpitsa sich beeilen
toshe auch
tot jener
totschno genau
totschnyj genau
tøwar (-y) Ware
traditsi/ja (-'i) Tradition
tramwa/j (-'i) Straßenbahn
tros (-y) Seil
trud (-y) Arbeit
trudnyj schwer
tschaj Tee
tschajewyjè Trinkgeld
tschas (-y) Stunde
tschas/t* (-ti) Teil
tschastnyj privat
tschasto oft
tschasy Uhr
tschèløwjek Mensch
tschitat* lesen
tschjek (-i) Scheck
tschjem als (Vergleich)
tschjerez über (Zeit)
tschjerèz durch, quer
tschushoj fremd
tschustw/o (-a) Gefühl
tschustw/owat* sich fühlen
tsel/øwat* küssen
tsèna (tseny) Preis

tsentr (-y) Zentrum
tsèrkov* (tserkwi) Kirche
tswèt/ok (-y) Blume
tswjet (-a) Farbe
tualjet (-y) Toilette
tualjetnaja bumaga Toilettenpapier
tuda dorthin
turist (-y) Tourist
twjordyj hart, fest

U

u bei, neben
ubiwat* töten
uje/chat* abfahren
ujèshshat* abfahren
ujutnyj gemütlich
ukraschenije Schmuck
ulètat* abfliegen
ulèt/et* abfliegen
ulits/a (-y) Straße
ulyba/tsa lächeln
ume/t* können
umirat* sterben
umnyj klug
uniwèrmag (-i) Kaufhaus
uniwèrsitjet (-y) Universität
ushe schon
ushin (-y) Abendbrot
ushinat* Abendbrot essen
uslyschat* (zu)hören
uspjech (-i) Erfolg
ustalyj müde
utro Morgen
utrom morgens
utschènik (-i) Schüler
utsch/itsa lernen
uwèdømljat* benachrichtigen

V

v in, nach
vchod (-y) Eingang
vch/ødit* eintreten
vkusnyj schmackhaft
vmjesto anstatt
vsjegda immer
vsjo alles
vspominat* sich erinnern
vsta/wat* aufstehen
vstrètschat* treffen
vstrètscha/tsa sich treffen
vstrjetsch/a (-i) Treffen
vtschèra gestern

W

w um (Uhr), in, nach
wagon (-y) Waggon (Zug)
waljuta Valuta (Devisen)
wan/aja (-yjè) Badezimmer
war/it* kochen, erhitzen
washnyj wichtig
wata Watte
wdrug plötzlich
wèlosipjed (-y) Fahrrad
wèsjolyj lustig, fröhlich
wèsna Frühling
wèzdje überall
wetschèr (-a) Abend
wid/èt* sehen, begegnen
wid/ètsa sich sehen
wina Schuld
winownyj schuldig
wizit (-y) Besuch
wjedomstw/o (-a) Behörde
wjer/it* glauben, vertrauen
wjes Gewicht
wjeshliwyj höflich

wjet/èr (-ry) Wind
wladjel/èts (-tsy) Besitzer
wljubljonyj verliebt
wmjestjè zusammen
wnizu unten
wnutri drinnen
wøda Wasser
wøkzal (-y) Bahnhof
wøstok Osten
wø-wrjemja während; pünktlich
wozduch Luft
wozmoshno möglich, vielleicht
wozrast (-y) Alter (Lebens-)
wratsch (-i) Arzt
wremja (wrèmèna) Zeit
wremja goda Jahreszeit
wy'igrywat* gewinnen
wychod (-y) Ausgang
wych/ødit* aussteigen
wyjezd Ausreise
wyj/ti aussteigen
wyrashat* ausdrücken
wysokij hoch
wystavk/a (-i) Ausstellung
wywoz (-y) Ausfuhr (Export)
wzjat* nehmen
wzjat* maschinu nabuksir abschleppen (Auto)
wzlom (-y) Einbruch

Z

za hinter
zablushda/tsa sich verirren
zabrønir/owat* buchen
zab/yt* vergessen
zabywat* vergessen
zach/ødit* vorbeikommen, besuchen